Darßer Ort
BERNSTEININSEL
O S T S
26/37
Ostseebad Prerow
PREROW STROM
DARSS
Zingst
Darß
Wieck
BODSTEDTER
Bliesenrade
Born
32/33
BODDEN
KOPPELSTROM
40/41
Ostseebad Zingst
ZINGST
ZINGSTER STROM
NSG
Müggenburg
Sundische Wiese
GROSSE WIEK
FITT
Bresewitz
OIE
KAVELHAKEN
BARTHER STROM
BARTHER
BODDEN
GRABOW
Pruchten
Bodstedt
Michaelsdorf
Fuhlendorf
BARTH HOLZ
BARTH STEIN
PLANITZ
BARTH
GLÖWITZ
Dabitz
Nisdorf
Neuendorf Heide
Hermannshagen Heide
Kronsberg
Divitz
Küstrow
Zipke
Zühlendorf
Buschenhagen
Neu Bartelshagen
Hermannshagen Dorf
Hermannshof
Frauendorf
Kenz
Rubitz
Flemendorf
Arbshagen
Groß Kordshagen
Lassentin
Wüstenhagen
Bartelshagen II
Lüdershagen
Martenshagen
Spoldershagen
Wobbelkow
Saatel
Barthe
Hessenburg
Saaler Bach
Lüdershagen Heide
Heidberg
Karnin
Kummerow Heide
Redebas
Löbnitz
Friedrichshof
Kummerow
Neuhof
Langenhanshagen
Kindshagen
Manschenhagen
Bussin
105
Wiepkenhagen
Starkow
Velgast
Niedermützkow
Altenwillershagen
Neuhof
Mittelhof
Bf. Buchenhorst
Düwelsdamm
Sternhagen
Trinwillershagen
Balkenkoppel
Altenhagen
Plummendorf
Neuenlübke
Neuseehagen
Schuenhagen
Lendershagen
Endingen
Daskow
Ahrenshagen
Eickhof
Alt Seehagen
Hövet
Pantlitz
Neuenrost
Todenhagen
Schlemmin
Weitenhagen
Wolfshagen
Prusdorf
Ravenhorst
Tressentin
Gruel
Tribohm
Zornow
Karlshof
Behrenwalde
Millienhagen
RICHTENBERG
PAPENHAGEN
Koltenhagen
Jahnkendorf
Allerstorf
Camitz
Palmzin
Semlow
Plennin
Spiekersdorf
Behrenwalde Süd
MÜGGENHALL
Steinfeld
FRANZBURG
Leplow
Oebelitz
NEUBAUHOF
Forkenbeck
GERSDIN
LSG
Eichholz
Grenzin
ALT
MARLOW
Wohsen
Eixen
Katzenow
Dolgen
Werder
Bisdorf
Hugoldsdorf
Neumühl
Wolfsdorf
Stormsdorf
Kavelsdorf
1:200 000

Vom Werden der Landschaft

Bereits beim ersten Blick auf die Karte des Küstengebietes kann man erkennen, daß Fischland, Darß und Zingst zusammen die größte Halbinsel der DDR bilden. In sanft geschwungenem Bogen, ohne Buchten und Landvorsprünge, verläuft die Küste von Graal-Müritz in nordöstlicher Richtung zum Fischland und Darß. Östlich von Prerow strebt sie dagegen fast geradlinig zum Zingst und Bock hin. So ausgeglichen sich die Außenküste zeigt, so zerlappt und abwechslungsreich ist das Ufer der „Zingst-Darßer Boddenkette", all jener Gewässer, die sich zwischen Halbinsel und Festland erstrecken.

Wie überall an der Küste der DDR sind auch hier Oberflächengestalt der Landschaft und Formen der Außen- und Binnenküste das Ergebnis jüngster geologischer Vergangenheit: der pleistozänen Vereisungen („Eiszeit") und der holozänen („nacheiszeitlichen") Küstendynamik der Ostsee. Schon beim ersten Vorstoß des pleistozänen Inlandeises, vor etwa 500 000 Jahren, wurde das ursprünglich hügelig-bergige Gelände aus kreide- und braunkohlenzeitlichen Ablagerungen weitgehend glattgehobelt. Am Grunde des Eises bildete sich bei jedem Vorstoß eine Grundmoräne – eine Ablagerung aus den Resten der im heutigen Küstengebiet abgehobelten Sedimente und der aus Skandinavien und dem Ostseeraum mitgeführten Gesteinsmassen. Die Grundmoräne besteht aus Geschiebemergel, einem Gemisch von Ton und Kalk mit eingelagerten Geschieben – jenen Gesteinsbrocken, die das Eis vom Norden hergeschoben hat. Der Geschiebemergel ist eine der verbreitetsten eiszeitlichen Ablagerungen. Man findet ihn in weiten Teilen des Küstengebietes unmittelbar an der Oberfläche, so auch südlich der Boddenkette. Auf der Halbinsel selbst tritt er nur auf dem Fischland zwischen Wustrow und Ahrenshoop zutage. In den übrigen Bereichen wird er von einer viele Meter starken Schicht anderer eiszeitlicher oder nacheiszeitlicher Ablagerungen bedeckt.

Noch vor etwa 20 000 Jahren, kurz vor dem Ende der letzten Vereisung, lag das gesamte Gebiet unter einem Eispanzer. Infolge zunehmender Erwärmung schmolz dieser aber stärker ab, als er aus dem skandinavischen Raum vorgeschoben wurde. Somit verlagerte sich der Eisrand immer weiter nach Norden. Allerdings verlief der Rückgang des Eises nicht kontinuierlich. Vor rund 16 000 Jahren lag der Eisrand für längere Zeit auf der Linie Velgast-Lüdershagen-Saal. Vorschub und Abschmelzen des Eises hielten damals einander etwa die Waage. In dieser Situation entstand die Endmoräne der „Velgaster Staffel" (Skizze 1). Ihr flacher Höhenrücken aus Sand, Kies und Geröll wird von der F 105 kurz vor und hinter Löbnitz gequert.

Nach dieser Stillstandsphase schmolz das Eis recht rasch und flächenhaft ab. In einer Niederung („Schmelzwasserbecken") im Gebiet des heutigen Darß und des angrenzenden Festlandes wurden feinkörnige Schmelzwassersande abgelagert (Skizze 2). Das sind jene „Heidesande", die man im Altdarß, in der Neuendorfer Heide und im Bereich des Barther Stadtholzes findet. Auch in der Rostocker Heide bilden sie die Oberfläche.

Nach dem endgültigen Abschmelzen des Inlandeises drang das Meer zögernd in die Ostsee-Depression ein. Noch lag der Meeresspiegel weit unter seinem heutigen Niveau. Daher war unser Gebiet insgesamt für längere Zeit Festland. Anfangs wurde es nur von Tundra bedeckt. Später wuchsen hier Wälder, in denen Kiefer und Birke dominierten.

Vor ungefähr 7000 Jahren kam es dann durch relativ raschen Meeresspiegelanstieg („Litorina-Transgression") zu einem Vordringen des Meeres in das heutige Küstengebiet. Nach und nach überflutete es alle tiefer gelegenen Bereiche. Die höher gelegenen wurden zu Inseln („Inselkerne"). Von ihnen aus erfolgte später die Bildung von Sandhaken und Nehrungen.

Die damalige Küstenlandschaft bot ein völlig anderes Bild als heute (Skizze 3). Mit dem Vordringen des Meeres setzte an den exponierten Stellen der Inselkerne die Abtragung ein. Hier bildeten sich Steilufer. Eiszeitliche Sedimente, meist Geschiebemergel oder Schmelzwassersande, wurden abgetragen, vom Wasser aufbereitet, parallel zum Ufer verfrachtet und dabei sortiert. Sand und Kies lagerten sich meist schon unmittelbar im Anschluß an einen Inselkern als Sandhaken ab. Die Hauptwindrichtungen, Südwest bis West und Nordost bis Ost, hatten zur Folge, daß sich bald an je-

Küstenabtragung

dem Inselkern zwei entgegengesetzt verlaufende Sandhaken bildeten (Skizze 4). Besonders groß war sicherlich die Abtragung des Fischland-Inselkernes. Sein damals möglicherweise wesentlich höheres Steilufer aus Geschiebemergel und Endmoränensedimenten lieferte besonders große Mengen an Abtragungsprodukten. Sie wurden vor allem in Richtung auf den Altdarß hin transportiert. Der so entstandene Sandhaken mit seinen Dünen und Strandwällen ist uns heute, wenigstens zum kleinen Teil, im Bereich der Rehberge auf dem Vordarß erhalten geblieben.
Das ehemalige Steilufer des Altdarß-Inselkernes („Altdarßkliff") kann man ebenfalls noch gut erkennen. Es bildet eine markante Geländestufe am Mecklenburger Weg im Altdarß. Später erfolgte an diesem Steilufer keine Abtragung mehr. Vermutlich wurde die Darß-Furche mit Material vom hypotetischen „Prerow-Land" her zugeschüttet (Skizzen 3 und 4). Diese Situation begünstigte später wahrscheinlich auch die Entstehung des Neudarß. Das „Altdarßkliff" ist die natürliche Grenze zwischen Alt- und Neudarß. In der Folgezeit wurden die langsam zusammenwachsenden Sandhaken zu Nehrungen, zu Landbrücken von Inselkern zu Inselkern. So kam es zu einem weitgehenden Abschluß der Boddengewässer von der offenen See. Abtragungsvorgänge, wie sie ursprünglich auch an den Boddenufern stattfanden, blieben nun hier weitgehend aus. Noch jetzt kann man aber an vielen Stellen der zerlappten Boddenküste die ehemals aktiven Steilufer erkennen. Sie sind heute bewachsen. Ein Schilfgürtel auf einer inzwischen entstandenen Verlandungszone ist ihnen vorgelagert.
Am Außenstrand verliefen die Küstenausgleichsvorgänge unvermindert weiter. Dabei wurden nicht nur die Inselkerne immer kleiner. Selbst Teile der erst kurz vorher gebildeten Nehrungen blieben nicht von der Abtragung verschont. Vor ungefähr 2000 Jahren entstanden dann die ersten Strandwälle, die heute den Neudarß bilden (Skizze 5). Strandwall lagerte sich vor Strandwall. Immer weiter wuchs dadurch der Neudarß nach Norden, wo vermutlich die Untiefe des „Prerow-Landes" lag. Viele der langgestreckten, schmalen und mit Dünen bedeckten Strandwälle („Reffe") schnürten einen Strandsee ab. Die meisten dieser Seen verlandeten recht bald. Heute findet man daher an ihrer Stelle vielfach nur noch sumpfige Senken mit Erlenbruchwald, die „Riegen". Nur einige dieser Seen, wie der Theerbrennersee und die beiden Bramhakenseen, sind noch nicht verlandet. Der Wechsel von sandigen „Reffen" und sumpfigen „Riegen" ist eine auffallende Besonderheit der Neudarß-Landschaft. Sie steht im scharfen Kontrast zur einförmig trockenen „Heidesand"-Fläche des Altdarß. Altdarß wie Neudarß sind heute bewaldet. Ein Überblick über die Landschaft wird dadurch erschwert und ist nur mit Hilfe der Karte möglich.
Gleichzeitig mit diesen Veränderungen der Landschaft kam es an vielen Stellen zur Bildung von Dünen. Der von der See kommende Wind transportierte dabei trockenen Sand vom Strand, oft über große Entfernungen, landeinwärts. Dünen entstanden überall an der Außenküste und bedeckten weite Flächen, so auch die zuvor von Sturmhochwässern übersandeten Inselkerne von West- und Ost-Zingst. Selbst auf dem Rand des Fischlandsteilufers bildete sich eine „Kliffranddüne".
Heute zeigt die Karte folgendes Bild (Skizze 4): Zwischen Graal-Müritz und Darßer Ort wie auch zwischen Prerow und der Insel Bock im Osten ist eine Ausgleichskü-

Entstehung und Dynamik der Landschaft von Fischland, Darß und Zingst

Nachgewiesene und vermutete Veränderungen des Gebietes seit der Eiszeit

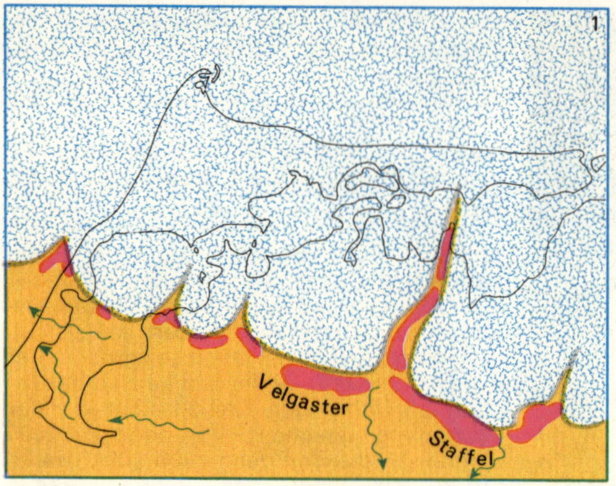

1. Vor etwa 16000 Jahren
Am Ende der letzten Vereisung ist das Gebiet noch vom langsam abschmelzenden Inlandeis bedeckt. Am Grund des Eises entsteht der Geschiebemergel der Grundmoräne. Während einer Stillstandsphase des Eises bildet sich die Endmoräne der „Velgaster Staffel".

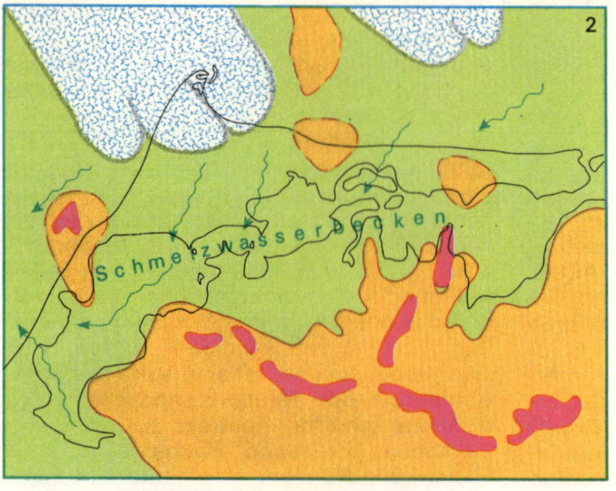

2. Vor etwa 12000 Jahren
Das letzte Inlandeis schmilzt ab. Über dem Geschiebemergel der Grundmoräne lagern sich im Darßgebiet mächtige Schmelzwassersande (Sander) ab.

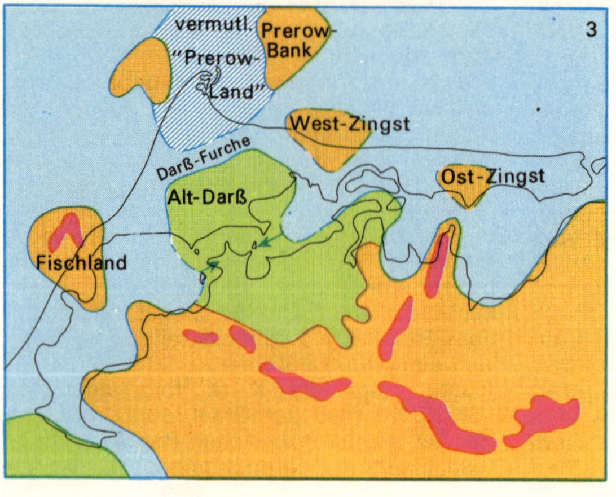

3. Vor etwa 7000 Jahren
Durch Anstieg des Meeresspiegels („Litorina-Transgression") dringt das Meer auf das Festland vor. Die höher gelegenen Teile werden zu Inseln („Inselkerne").

Wanderatlas

Fischland – Darß

Graal-Müritz – Dierhagen – Wustrow – Ahrenshoop –
Prerow – Zingst – Barth – Ribnitz-Damgarten – Klockenhagen

Autorenkollektiv

VEB Tourist Verlag Berlin · Leipzig

Die Beiträge für die 2., völlig neu gefaßte Auflage dieses Wanderatlasses schrieb folgendes Autorenkollektiv: Rolf Reinicke, Stralsund: Vom Werden der Landschaft; Dr. Lebrecht Jeschke, Greifswald: Zur Pflanzenwelt; Horst Schröder, Stralsund: Über die Tierwelt; Willi Lampe, Stralsund: Zur ur- und frühgeschichtlichen Besiedlung der Boddenlandschaft; Werner Schmidt, Graal-Müritz: Graal-Müritz mit Wanderungen; Ursula Brandt, Ahrenshoop: Wustrow, Ahrenshoop mit Wand.; Helene Trauschies, Prerow: Prerow, Wieck, Born, Pruchten, Fuhlendorf mit Wand.; Jörg Scheffelke, Greifswald: Zingst; Edith Grählert, Zingst: Wand. von Zingst aus; Klaus Kühne, Barth: Barth mit Wand.; Hans Erichson, Ribnitz-Damgarten: Ribnitz-Damgarten; Dr. Johannes Lachs, Rostock: Klockenhagen.

Umschlagbilder:
1. Umschlagseite: Einstige Windflüchter am Darß-Weststrand (Esper Ort)
2. Umschlagseite: Prerow, Darß-Museum
3. Umschlagseite: Strandlandschaft

Fotos: Jochen Haupt, Berlin (1.–3. Umschlagseite, S. 3, 7, 10, 11, 12, 13, 19, 22, 25, 26, 28, 30, 35, 42, 44, 49, 51, 57, 60); Erich Hoyer, Gehren b. Strausberg (S. 14); Frank Ihlow, Potsdam (S. 39); Rolf Reinicke, Stralsund (S. 58); Peter Woelck, Leipzig (S. 31, 45, 55)

Fischland – Darß: Graal-Müritz – Dierhagen – Wustrow – Ahrenshoop – Prerow – Zingst – Barth – Ribnitz-Damgarten – Klockenhagen. – 4., durchges. Aufl. – Berlin; Leipzig: Tourist Verl., 1990. – 64 S.: 28 Farbfotogr., 16 Textkt. – (Wanderatlas)

ISBN 3-350-00212-9

4. Auflage 1990

Lizenznr.: 1002/550, TVP 16/89-7066
LSV 5159
Lektor: Ewald Mrozik
Redakteur: Kerstin Dierker
Umschlaggestaltung: Rainer Preussner
Printed in the German Democratic Republic
Satz: (140) DRUCKZENTRUM BERLIN · Grafischer Großbetrieb
Druck und buchbinderische Verarbeitung: Militärkartographischer Dienst (VEB), Halle
Bestellnummer: 596 625 5
00510

Frühjahrsstürme am Strand

Einführung

Die Bäderküste an der Ostsee zwischen Rostock und Stralsund mit der Halbinsel Fischland–Darß–Zingst ist ein Haupterholungsgebiet im Bezirk Rostock. Bis auf Graal-Müritz gehören die Ostseebäder zum Kreis Ribnitz-Damgarten. Hier in der ursprünglichen Randzone von Pommern und Mecklenburg war auf dem Festland jahrhundertelang der Großgrundbesitz bestimmend, die Landwirtschaft äußerst rückständig. In den Städten gab es nur unbedeutende Industriebetriebe zur Verarbeitung der Erzeugnisse aus Landwirtschaft und Fischerei. In den Küstendörfern bestimmten neben der mittel- und kleinbäuerlichen Bevölkerung im wesentlichen die Seefahrer die Sozialstruktur. Nach dem Niedergang der Segelschiffahrt vor etwa 100 Jahren begannen die Einwohner, Sommerquartiere an Wohlhabende zu vermieten. Allmählich entwickelte sich so der Fremdenverkehr. Diese Badeorte weisen im Gegensatz zu den während der kapitalistischen Konjunktur entstandenen Bädern, wie Heringsdorf, Binz, Kühlungsborn u. a., noch heute viele landschaftsgebundene Merkmale auf.

Nach der Niederschlagung des Faschismus brachte der sozialistische Aufbau eine entscheidende Wende: Die Küsten- und Boddendörfer entwickelten sich rasch zu Erholungsorten der Werktätigen, besonders durch den Feriendienst des FDGB. 1957 wurde als erstes neuerbautes Heim das FDGB-Erholungsheim „Ernst Moritz Arndt" in Dierhagen eröffnet. Heute weilen allein in den Badeorten des Kreises Ribnitz-Damgarten alljährlich fast 400 000 Erholungsuchende und rund 1,5 Millionen Wochenend- und Tagesbesucher.

Auch die Industrie und die Land- und Nahrungsgüterwirtschaft entwickelten sich schnell. Trotzdem konnte im unmittelbaren Küstenland der urwüchsige Landschaftscharakter weitgehend erhalten werden.

KADETRINNE
OST-
SEE
NSG
Ostseebad
Ahrenshoop
Althagen
18
Niehagen
FISCH-
LAND
Fischland
Ostseebad
Wustrow
Barnsdorf
NEUENDORFER
SAALER BODDEN
Saal
27
Dierhagen-Ost
Ostseebad
Dierhagen
Kückenshagen
Langendamm
Beiershagen
Dechowshof
Neuhaus
Dändorf
Hof Körkwitz
DORF KÖRKWITZ
RIBNITZER SEE
DAMGARTEN
TEMPEL
Müritz
Ostseebad
Graal-Müritz
Klein Müritz
Neuheide
Neu Klockenhagen
Klockenhagen
24
Graal
TORF-BRÜCKE
Hp. Gr.-Mü. Schwanenberg
Hp. Georg Schneise
Hirschburg
BORG
RIBNITZ
RIBNITZ-DAMGARTEN
Recknitz
Neuhof
FREUDENBERG
Altheide
Petersdorf
Wilmshagen
Gelbensande
Bookhorst
Willershagen
Ehmkenhagen
Kuhlrade
Rookhorst
105
HINRICHSHAGEN
Bf. Hinrichshagen
17
Bartelshagen I
Rostocker Wulfshagen
MARKGRAFENHEIDE
WIETHAGEN
Hp. Schwarzenpfost
Behnkenhagen
Niederhagen
Rövershagen
Blankenhagen
Jürgeshof
BREITLING
Kloster Wulfshagen
Brünkendorf
STUTHOF
Purkshof
16
Völkshagen
PEEZ
Mönchhagen
35
Vogtshagen
Neu Guthendorf
Baumkathe
Mandelshagen
Volkenshagen
Carlsruhe
12
Gresenhorst
Alt Steinhorst
NIENHAGEN
Häschendorf
Kl. Kussewitz
Cordshagen
Poppendorf
Großes Moor
Neu

Zeichenerklärung

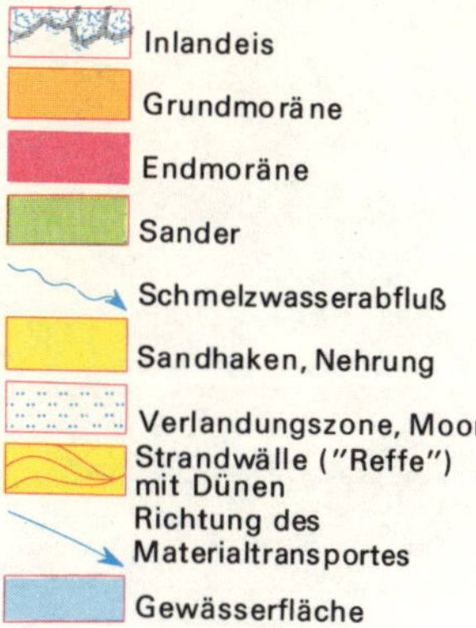

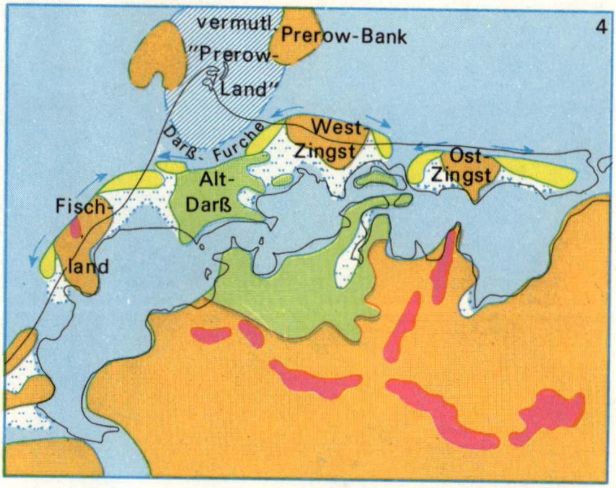

4. Vor etwa 3000 Jahren
Eine Ausgleichsküste entsteht. Das von den Inselkernen abgetragene Material lagert sich an deren Flanken als Sandhaken und Nehrungen an. Dort bilden sich auch Dünen. Die Boddenküste verlandet.

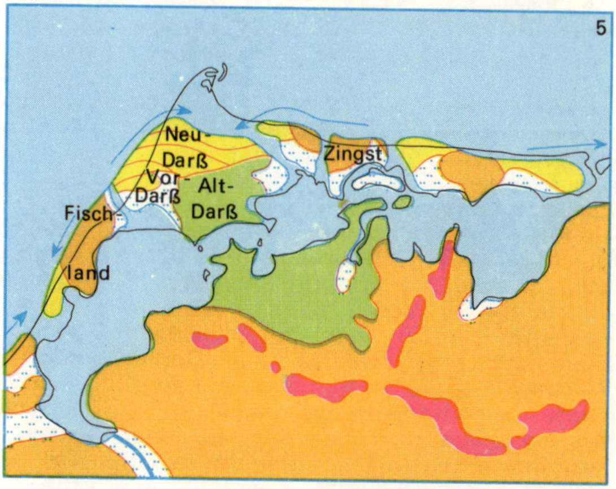

5. Vor etwa 800 Jahren
Küstenausgleich, Dünenbildung und Verlandung schreiten fort. Der Neudarß wächst. Die Inselkerne des Zingst werden von See- und Dünensand überdeckt.

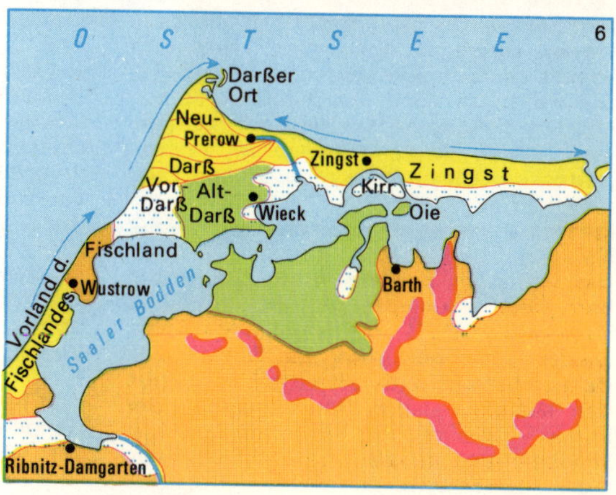

6. Heute
Weite Strecken der Außenküste von Fischland, Darß und Zingst unterliegen der Abtragung. Nur zwischen Darßer Ort und Prerow wächst der Darß. Die Boddenküste verlandet weiter.

Der Mensch schloß einige Verbindungen zwischen Meer und Bodden. Er schützt die Küste an besonders gefährdeten Stellen und verhindert somit Durchbrüche.

In den Dünen

ste entstanden. Der Mensch schloß die letzten Verbindungen zwischen Meer und Bodden. Jedoch halten die Abtragungsvorgänge in diesen Küstenabschnitten unvermindert an. Diese Abtragung, die man auch als Küstenrückversatz bezeichnet, erreicht Durchschnittswerte von etwa 0,5 m im Jahr. Stellenweise, wie am Fischlandkliff und am Darßer Weststrand, kann sie aber wesentlich größer sein. Bei schwerem Sturmhochwasser werden am Darßer Westrand nicht selten 10 m und mehr abgetragen – innerhalb von zwei Tagen!
Wie ein Fließband transportiert das Meer fortwährend abgetragenes Material, hauptsächlich Sand, parallel zur Küste in Richtung Darßer Ort bzw. Insel Bock, um es in diesen Gebieten abzulagern. Nur dort kommt es zu einem echten Landzuwachs. Der Mensch versucht nun durch umfangreiche und sehr teure Küstenschutzmaßnahmen, diese Materialumlagerung einzuschränken. Gleichzeitig muß er das Land vor Überflutung schützen. Ohne diesen Küstenschutz wären die schmalen Stellen der Nehrungen zwischen Dierhagen und Wustrow wie auch zwischen Ahrenshoop und dem Altdarß längst vom Meer durchbrochen, wären Darß und Zingst wohl längst wieder Inseln geworden. Ein System von Buhnen bremst im Bereich der Flachküsten den küstenparallelen Sandtransport. Der immer wieder mit der Planierraupe aufgeschobene und mühsam bepflanzte Dünenwall stellt sich als erstes dem anstürmenden Hochwasser entgegen und wird oft von ihm teilweise abgetragen. An einigen Stellen, wie z. B. vor Wustrow und Zingst, müssen daher Strand und Düne durch Sandaufspülung von Zeit zu Zeit künstlich „ernährt“ werden. Durchbricht ein katastrophales Sturmhochwasser („Sturmflut“) tatsächlich einmal den Dünenwall, so hemmt ein Küstenschutzwald die Gewalt der Wellen, die gegen den dahinterliegenden Deich anstürmen. Deiche sind sicherster Schutz gegen Sturmhochwasser. Man findet sie an allen gefährdeten Stellen der Außenküste, zum Teil auch an den Ufern der Boddenkette. Die Ortschaft Zingst ist beispielsweise ringsum von Deichen umgeben.
Eine Reihe anderer Veränderungen der Landschaft in historischer Zeit sind ebenfalls auf das Wirken des Menschen zurückzuführen: die Aufforstung der ursprünglichen Dünenheidegebiete, die Entwässerung vieler Bruchwälder, die Trockenlegung der sumpfigen Verlandungszonen an den Boddenufern und ihre Umwandlung in fruchtbares Weideland. Ein großer Teil von Fischland, Darß und Zingst ist heute Landschaftsschutzgebiet. Hier müssen alle Eingriffe im Zuge einer immer intensiveren Nutzung der Landschaft durch Erholungswesen, Land- und Forstwirtschaft besonders behutsam erfolgen. Nur so werden die Schönheit und der einmalige Charakter dieses Gebietes auch künftig gewahrt bleiben.

Zur Pflanzenwelt

Darß und Zingst, nach der Abriegelung des Prerowstromes zu einer Halbinsel verbunden, sind auch hinsichtlich ihrer Pflanzendecke als Einheit zu betrachten. Die großen morphologischen und geologischen Bausteine dieser Landschaft, wie eiszeitliche Kerne, weite Strandwall- und Seesandebenen, Dünenzüge und Moorbildungen unterschiedlichster Art, bestimmen gleichzeitig wesentlich die Vegetationsgliederung.

Der Altdarß, der bedeutendste eiszeitliche Kern, ist ein altes Waldgebiet, ähnlich wie das Freesenbruch und die Sundische Wiese. Er wird heute vollständig von Kiefern beherrscht, daneben findet man jedoch immer wieder auch die Rotbuche. Der berühmteste Rotbuchenbestand hat sich auf dem Altdarßer Kliff erhalten. In den Kiefernbeständen des Altdarß bilden Blaubeere, Adlerfarn oder in den Mulden auch das Pfeifengras größere Herden, und überall ist der im Frühsommer blühende Siebenstern verbreitet.

Neudarß und Vordarß tragen mit ihren jüngeren und stärker durch das Grundwasser beeinflußten Böden laubholzreichere Wälder, vor allem die Rotbuche setzt sich hier überall durch. Daneben sind Stieleiche sowie Sand- und Moorbirke regelmäßig vorhanden, ohne daß die Kiefer gänzlich fehlt. Solche reich gemischten Baumbestände prägen auch das Waldbild im Ahrenshooper Holz, im Freesenbruch und in der Sundischen Wiese. Besonders eindrucksvolle Rotbuchenbestände finden wir im Osterwald auf der Sundischen Wiese und in der Abteilung 178 des Neudarß westlich von Prerow. Man sprach sogar von Urwäldern und übersah, daß es sich hier um Hudewaldreste handelt, Waldformen, die ihre besondere Struktur dem Weidegang von Rindern im vergangenen Jahrhundert verdanken. Damals wurden nahezu alle Wälder auch als Weideland genutzt.

Dünenkiefernwald

Ihren unverwechselbaren Charakter erhalten die Wälder auf dem Darß und Zingst durch zwei Lianen, das Waldgeißblatt und den Efeu. Beide verdanken ihr üppiges Wachstum der hohen Luftfeuchtigkeit. Das gilt auch für die immergrüne Stechpalme, auch Hülsen genannt. Das Ahrenshooper Holz beherbergt den schönsten Bestand dieses Holzgewächses in der DDR.

Auf den trockeneren Strandwällen des Neudarß kann sich die Kiefer über mehr als eine Baumgeneration gegenüber den Laubbäumen behaupten. In der Bodenflora solcher Kiefernbestände haben sich Zwergsträucher breitgemacht, allen voran die Besenheide und die Krähenbeere. Sie können starke Rohhumusschichten bilden, auf denen die Rotbuche sich nur zögernd einfindet.

Auf den jüngeren Strandwällen, meist wohl noch unter der ersten Kieferngeneration, bestimmen Moose und die Wintergrünarten das Bild. Besonders auffällig sind die weißen Blüten des Moosauges.

Auf den trockensten hohen Dünenwällen beherrscht die Kiefer unangefochten das Feld. In der Bodenvegetation sind neben der Besenheide die Preiselbeere und verschiedene Strauchflechten auffällige Erscheinungen.

Überall dort, wo das Bodenwasser zeitweilig oder ständig an der Oberfläche steht, kommt es zu Vermoorungen. Am bekanntesten sind die Erlenmoore in den Riegen des Neudarß. Es waren einst vorwiegend Erlenbruchwälder mit der Walzensegge auf den hohen Erlenbulten. Zwischen den Erlen war der Boden den größten Teil des Jahres von Wasser bedeckt, ähnlich wie in den Wasserfeder-Erlensümpfen. Die Wasserfeder, ein Primelgewächs, entfaltet im Frühsom-

Erlenbruch

mer ihre schönen Blütenkerzen über dem dunklen Moorwasser. Während die Erlen im Walzenseggen-Erlenbruch bis 20 m hoch werden können, sind sie im Wasserfeder-Erlensumpf kaum 10 m hoch. Durch Entwässerung sind diese Erlenmoore teilweise in Brennessel-Erlenwälder umgewandelt worden.
Schließlich finden wir auf der Westseite des Altdarß, wo er an das ehemalige Fluttor von Ibenhorst grenzt, interessante Quell-Erlenwälder. Hier tritt Grundwasser aus, das diese Quellmoore ernährt. Im Frühling fallen diese Wälder durch ihre reiche Flora auf, genannt sei hier nur das Wechselblättrige Milzkraut.
Neben den meist gut mit Nährstoffen versorgten Erlenmooren beherbergen Darß und Zingst auch bedeutende nährstoffarme Moore. Auf dem Vordarß ist ein solches Torfmoos-Wollgrasmoor im Bereich der Wils auf einer Seesandebene im Schutze der Strandwälle des Rehbergfächers aufgewachsen. Es wurde schon vor vielen Jahrzehnten entwässert und teilweise mit Eichen bepflanzt, die ursprüngliche Moorvegetation ist dennoch nicht völlig verschwunden. Besonders das Scheidige Wollgras konnte sich behaupten. Den größeren Mooren zwischen Born und Wieck und Wieck und Prerow erging es nicht besser. Dagegen haben sich im Graal-Müritzer Moor und vor allem im Dierhäger Moor seltene Vegetationsformen der Regenmoore (Hochmoore) bis heute halten können.
Das größte Moor auf der Sundischen Wiese, das Alte Torfmoor, ist ein regelrechtes Hochmoor mit deutlicher Aufwölbung. Es wurde zwar auch entwässert, beherbergt jedoch mit Sumpfporst, Scheidenwollgras und verschiedenen Torfmoosen noch eine typische Hochmoorflora. Eine ähnliche Flora finden wir auch in zahlreichen Miniaturmooren in den Riegen zwischen den Strandwällen auf dem Neudarß. Ein Kleinod ist die Dünentalsenke südwestlich der Hohen Düne von Prerow, ein typisches Heidemoor mit Sumpfbärlapp, Sonnentau und Glockenheide. Inzwischen verschwunden sind einige vermoorte Riegen zwischen Zingst und Prerow mit gut entwikkelten Gagelgebüschen. Ähnlich wie Hülsen und Glockenheide tritt der Gagelstrauch nur im Küstenbereich auf.
Zu den Mooren im weiteren Sinne gehören auch die seit vielen Jahrhunderten den Überflutungen ausgesetzten Salzgrasländer auf der Boddenseite. Seit hier Menschen seßhaft wurden, weideten auf diesen Flächen Rinder. Überflutung und Weidegang der Rinder waren die entscheidenden Faktoren, die diese höchst eigenartige Pflanzengemeinschaft entstehen ließen. In den 60er Jahren wurde der größte Teil der Salzgrasländer auf dem Fischland, Darß und Zingst eingedeicht und in floristisch extrem artenarmes Intensivgrasland umgewandelt. Heute sind intakte Salzgraslandbiotope nur im beweideten Vordeichgelände zu finden. Besonders schöne Flächen existieren noch am Prerowstrom östlich von Prerow und auf dem Kirr.
Stranddreizack, Milchkraut und Salzbinse sind charakteristische Pflanzen des Salzgraslandes, in dem Weißes Straußgras und Rotschwingel als vorherrschende Gräser auftreten. Sobald die Beweidung aufhört, breitet sich auf diesen Flächen das Gemeine Schilfrohr aus, und die Salzflora verschwindet weitgehend. Nur die Salzaster kann sich meist noch behaupten.
Die Boddenufer werden wie eh und je von ausgedehnten Rohrplänen gesäumt. Im flachen Wasser trifft man auch Bestände von Strandsimse und Salzbinse. Unter Was-

Jahresringe eines Windflüchters

ser breiteten sich einst riesige Wiesen der Armleuchteralgen aus, sie sind heute nur noch an wenigen Stellen zu finden, vornehmlich im Barther Bodden in der Umgebung der Inseln Kirr und Oie. Mit diesen Inseln besitzen wir eines der interessantesten Salzpflanzen-Ökosysteme, vergleichbar so bekannten alten Weidelandschaften wie der ungarischen Pußta oder der französischen Camargue.
An das Salzgrasland schlossen sich landwärts beweidete Magerrasen an. Stellenweise konnten sich in dieser Übergangszone zwischen dem Salzgrasland und den höher gelegenen Wäldern schöne Wacholderheiden entwickeln, besonders bekannt war die Borner Heide. Resten von solchen Wacholderheiden begegnet man noch zwischen Prerow-Strom und Freesenbruch.
Ganz andere, aber nicht weniger interessante Heiden können wir auf den ältesten, nicht aufgeforsteten Küstendünen westlich der Hohen Düne beobachten. Es sind Dünenheiden, die auf natürlichem Wege in die geschilderten Dünenkiefernwälder übergehen.

Über die Tierwelt

Bei Strandwanderungen fallen besonders die angespülten Molluskenschalen auf. Bei den größten, weißen unter ihnen handelt es sich um Sandklaffmuscheln, am häufigsten findet man die dunklen Miesmuscheln und gerippelten Herzmuscheln, seltener die rötliche Baltische Plattmuschel, die Weiße Bohrmuschel und die Strandschnecke. Die netzgitterartigen Überzüge an Pflanzen und Steinen sind Kolonien winziger Moostierchen, die Krustenseerinde. Kleine weiße Gehäuse besonders an Blasentang, die wie Miniaturschneckenhäuser aussehen, gehören dem Posthörnchenwurm. Größere Meeresringelwürmer, die im Boden leben, sind Sandpier und Nereis. Nach Stürmen liegen mitunter viele Ohrenquallen am Strand, seltener auch eine Nessel- oder Feuerqualle. Wenn man Glück hat, kann man auch einen Seestern finden. Von den Krebsen ist die Strandkrabbe, der Dwarslöper, der größte Vertreter. Wer tauchend auf Entdeckungen geht, wird sie zwischen Pflanzen und Steinen beobachten. Während Stein- und Sandgarnelen noch so groß sind, daß man ihren Hinterleib essen kann, handelt es sich bei den Küsten- und Strandhüpfern im Spülsaum, den Flohkrebsen, Meerasseln und Schwebegarnelen im Wasser um recht kleine Arten. Zu den Krebsen gehören auch die festsitzenden Seepocken.
Beim Tauchen kann man kleine Flundern oder Schollen, Seehasen und Seeskorpione, Strand-, Sand- und Schwarzgrundeln am Boden sehen, während die Schwärme der Schwimmgrundeln zwischen Wasserpflanzen stehen. Dort muß man auch nach Seenadeln, Schlangennadeln und Seestichlingen suchen. Butterfisch und Aalmutter halten sich in Verstekken auf. Tobiasfische schwimmen im Freiwasser und vergraben sich nachts im Sand. Wer die Fischer besucht, um ihre Fänge in Augenschein zu nehmen, wird Dorsche, Heringe, Hornhechte, Flundern und Schollen, mitunter einen Glatt- oder Steinbutt, einen Lachs oder eine Meerforelle aus der Ostsee und Bleie, Plötzen, Flußbarsche, Zander, Hechte und Aale aus den Bodden zu sehen bekommen.
Aus der Herpetofauna sei die Wechselkröte erwähnt, die sich als einziger Lurch auch in salzhaltigem Wasser vermehren kann. Faunistische Kostbarkeiten sind Springfrosch

und Schlingnatter, die nur an wenigen Stellen an der Küste vorkommen. Verbreiteter und häufiger ist die Kreuzotter, wie alle Lurche und Kriechtiere unter Naturschutz.
Wer sich für die Vogelwelt interessiert, kommt hier das ganze Jahr auf seine Kosten. Als Besonderheiten unter den Landvögeln seien nur Zwergschnäpper, Karmingimpel und Grüner Laubsänger erwähnt. Der größte unter den Greifvögeln, die in den Wäldern horsten, ist der Seeadler. Mehrere Paare des bis zu 2,40 m klafternden Vogels haben hier ihre Reviere, und vor allem in der Boddenkette finden sie ein reiches Nahrungsangebot. Naturschutzgebiete und ein Feuchtgebiet von internationaler Bedeutung wurden geschaffen, um die wertvollen Vogelvorkommen zu erhalten. Über 30 z. T. vom Aussterben bedrohte Küstenvogelarten brüten hier noch in solcher Anzahl, wie es sie anderswo bei uns nicht mehr gibt, z. B. 250 Paare Löffelenten, 100 Paare Austernfischer, 90 Paare Uferschnepfen, 250 Paare Rotschenkel, 35 Paare Alpenstrandläufer, 50 Kampfläufer, 150 Paare Säbelschnäbler und etwa 900 Paare Flußseeschwalben. Bemerkenswert ist das Brüten von Spieß- und Kolbenente, seit 1987 sogar der Zwergmöwe, und das sporadische Vorkommen der Schwarzkopfmöwe. Weitere Brutvögel des Boddenlandes sind Höckerschwäne, Brand-, Stock-, Krick-, Knäk-, Mittel-, Tafel- und Reiherente, Mittelsäger, Kiebitz, Sandregenpfeifer, Bekassine, Silber-, Sturm- und Lachmöwe, mitunter Zwerg- und Brandseeschwalbe. Im Interesse der übrigen Vogelwelt werden die Bestände der Möwen reduziert, ist doch die Zahl der Lachmöwenpaare schon auf über 18 000 angestiegen. Im NSG „Inseln Oie und Kirr" konzentrieren sich die meisten der seltenen Brutvögel. Es wird alles getan, um dieses Salzgrasland als optimalen Lebensraum für die Küstenvögel zu erhalten.
Hauptsächlich während der Zugzeiten im Frühjahr und Herbst begegnet man auch an der Außenküste vielen Vögeln, wie Regenpfeifern, Strand- und Wasserläufern oder Meeresenten (Samt-, Trauer-, Eis- und Eiderente) und Seetauchern. Die Mehrzahl dieser Wanderer zwischen Nord und Süd konzentriert sich aber in der Boddenkette und im Watt des Bock östlich von Zingst, wo sie reichlich Nahrung finden; dort wurden z. B. schon 10 000 Alpenstrandläufer oder gar 19 000 Goldregenpfeifer gezählt.

Säbelschnäbler

Mitunter halten sich über 100 000 Zugvögel auf den Boddengewässern, den Inseln und an den Stränden auf. International bekannt ist der größte Kranichsammelplatz am Bock, wo besonders im Oktober bis zu 20 000 dieser großen, grauen Vögel aus Skandinavien hier allabendlich zur Übernachtung einfallen; tagsüber suchen sie Nahrung auf den Feldern. Die Zahlen der Grau-, Bleß- und Saatgänse geht auch in die Zehntausende, die verschiedenen Entenarten und die Bleßrallen warten mit ähnlichen Ansammlungen auf. Höckerschwäne, Gänse- und Zwergsäger erfreuen die Ornithologen in großen Scharen, zeitweilig sind auch Hunderte Sing- und Zwergschwäne sowie Kormorane zu sehen,

und Nonnen-, Ringel- und Kanadagänse gehören zu den regelmäßigen Gästen. Graureiher aus benachbarten Kolonien kommen zum Fischfang an die Bodden.
In den naturnahen Wäldern des Darß lebt der Rothirsch in beachtlichen Beständen, Damhirsche wurden erfolgreich eingebürgert, Rehe sind überall verbreitet, und Wildschweine finden in den ausgedehnten Bruchwald- und Schilfpartien ideale Einstände. Mancher Fuchs- und Dachsbau hat schon zahlreichen Generationen dieser Raubsäuger als Wohnung gedient. Es gibt Steinmarder, Hermelin und Mauswiesel, seltener Baummarder und Iltis. Der nordamerikanische Nerz, aus Farmen ausgebrochen, wurde nachgewiesen. Natürlich kommen Hasen und Wildkaninchen vor, und aus der Ordnung der Nagetiere Eichhörnchen, Wanderratte und die verschiedenen Arten der Langschwanz- und Wühlmäuse, die alle für die Raubsäuger, Greifvögel und Eulen wichtige Nahrung bedeuten. Auch die Bisamratte hat bei ihrer Ausbreitung von Süden her das Gebiet besiedelt. Von den Insektenfressern fehlen Igel und Maulwurf nicht; ein verborgenes Leben führen Wald-, Zwerg- und Wasserspitzmaus, und die Angehörigen verschiedener Fledermausarten bekommt man nur gelegentlich bei Einbruch der Dunkelheit zu Gesicht.
Auf dem Darß sorgt eine Staatliche Jagdwirtschaft für Hege und Bestandsregulierung des Wildes sowie für den Schutz der Flora und Fauna.
Den Urlauber interessieren besonders die Meeressäugetiere: die Wale und Robben. Es gehört aber viel Glück dazu, Vertreter von ihnen beobachten zu können. Äußerst selten verirrt sich ein Großwal aus der Nordsee hierher, aber eine Kleinwalart, ein Verwandter der Delphine, ist auch in der Ostsee heimisch, der Schweinswal, der auch in Nordsee und Nordatlantik vorkommt. Die scheuen Tiere leben in kleinen Trupps zusammen und kommen nur selten an die Küste. Nur tote, an den Strand gespülte Tiere künden gelegentlich von ihrer Existenz. Von dem Küstenabschnitt Markgrafenheide bis Darßer Ort wurden dem Meeresmuseum Stralsund von 1958 bis 1988 62 angespülte Tiere bekannt. Damit erweist sich dieses Stück Westküste als besonders „schweinswalfündig", waren es im gleichen Zeitraum an der ganzen übrigen DDR-Küste doch nur 75 Exemplare. Ein erst wenige Tage altes Jungtier (81 cm, 6,8 kg) lag Anfang Juli 1983 in der Nähe des Darßer Leuchtturmes. Als es von einem Museumsmitarbeiter geborgen wurde, schwammen etwa 200 m vor der Küste sieben Alttiere hin und her, gerade als ob sie nach dem verlorenen Jungen suchten. Die meisten gestrandeten Schweinswale sind 1,50 bis 1,80 m lang und bis 65 kg schwer. Vorwiegend von Juli bis Oktober erfolgen diese Nachweise bei uns, was mit den jahreszeitlichen Wanderungen der Tiere im Zusammenhang steht.
Auch einzelne Robben gibt es noch an unserer Küste, die aber leider auch vom Aussterben bedroht sind. Von den drei in der Ostsee vorkommenden Arten Seehund, Ringelrobbe und Kegelrobbe ist letztere noch am regelmäßigsten festzustellen. In der Darß-Zingster Boddenkette werden nahezu jährlich und zu allen Jahreszeiten auch einzelne Kegelrobben beobachtet, mitunter waren aber auch zwei oder gar drei Tiere gleichzeitig nachweisbar. Daß an unserer Küste gelegentlich auch noch Geburten erfolgen, belegen fünf Funde von Jungen aus den letzten 35 Jahren, davon einer bei Pramort (1953) und einer auf dem Schmidt-Bülten an der Mündung des Prerower Stromes (1978). Am ehesten kann man bei einer Bootsfahrt an dieser Insel einer Kegelrobbe begegnen.

Zur ur- und frühgeschichtlichen Besiedlung der Boddenlandschaft

Am Ende der Eiszeit, etwa im 8. Jahrtausend v. d. Z., boten sich für die Menschen an den Ufern der damaligen Boddengewässer günstige Siedlungsbedingungen. Sie betrieben in der wasserreichen Gegend Jagd und Fischfang und hinterließen vor allem südlich des Saaler Boddens Spuren ihrer Anwesenheit.
Im Zusammenhang mit einer spürbaren Klimaverbesserung dehnten sie ihren Siedlungsraum in der Mittelsteinzeit ständig aus, so daß wir sehr markante Siedlungsschwerpunkte auf dem Fischland nachweisen können.

Bisher ist es nicht gelungen, einen vollständigen Siedlungsplatz der ältesten Bewohner in diesem Raum zu untersuchen. Nur zahlreiche Geräte aus Flint (Feuerstein) belegen die ständige Anwesenheit der Menschen im Bereich der Bodden.
Mit der Einführung von Ackerbau und Viehhaltung veränderten sich die Lebensbedingungen der Menschen, die hier vor etwa 4000 Jahren siedelten. Keramische Fragmente und Gerätschaften, die neue Techniken der Bearbeitung, wie Schliff und Durchbohrung, erkennen lassen, belegen vor allem auf dem Fischland die Anwesenheit der ersten „Bauern".
Relativ selten sind die Zeugnisse aus der Bronzezeit, jedoch zeigen Hügelgräber in Wobbelkow und Rubitz (südl. von Barth) sowie mehrere Siedlungsplätze und Bronzefunde die kontinuierliche Besiedlung.
Im Zusammenhang mit der Nutzung der Raseneisenerze, die in den Wiesenniederungen anstanden, ließen sich im 1. Jahrtausend v. d. Z. germanische Stämme an den Bodden nieder. Sie konzentrierten sich deutlich im Barther Raum, wo Siedlungen und Gräberfelder Aufschluß über den Stand der Produktivkräfte und Bestattungssitten geben. Die Zahl der Funde und Befunde aus dem 3.–5. Jahrhundert u. Z. ist gering. Nur ein Grabkomplex aus Wustrow belegt, daß dieses Gebiet nicht völlig siedlungsleer war.
Im 6./7. Jahrhundert drangen slawische Stämme in das Boddengebiet vor. Sie siedelten zunächst konzentriert in der Gegend um Barth und errichteten dort auch Befestigungsanlagen.
Erst mit der Konsolidierung wirtschaftlicher und politischer Verhältnisse erweiterten die Slawen ihr Siedlungsgebiet, das den gesamten Raum um die Boddengewässer erfaßte. Davon zeugen Funde wie der Hacksilberschatz von Prerow und viele Ortsnamen slawischer Herkunft.
Im Zuge der feudalen deutschen Ostexpansion wurde auch das Gebiet um die Bodden im 12./13. Jahrhundert in den deutschen Feudalstaat eingegliedert, was Bodendenkmale wie die Herthesburg (östl. von Prerow) und Bodenfunde in anderen Gebietsteilen belegen.

Ostseebad Graal-Müritz

Graal-Müritz (5000 Einw., Krs. Rostock-Land) liegt am Nordrand der Rostock-Gelbensander Heide, am Strande der Ostsee. Es ist rings von Wald und Mooren (Hoch- und Niederungsmooren) umgeben, so daß es nie in seiner gesamten Ausdehnung überschaubar ist. Der Stadtkreis Rostock endet fast am Ortseingang; der Stromgraben bildet hier die Grenze. Der Ort Torfbrücke gehört noch zu Rostock-Stadt. Graal-Müritz erreicht man mit der Eisenbahn oder mit dem Bus auf relativ guten Asphaltstraßen.
Graal-Müritz ist 1938 aus den ursprünglich selbständigen Orten Graal (im Südwesten) und Müritz (im Nordosten) hervorgegangen. Der Ort zieht sich 4 km an der Landstraße Rövershagen–Ribnitz-Damgarten entlang und besitzt teilweise städtischen Charakter. Die Fischerei ist immer mehr zurückgegangen und hat sich bis auf wenige Küstenfischer zur Fischereiproduktionsgenossenschaft Warnemünde bzw. Ribnitz-Damgarten verlagert. Viele jüngere und ältere Einwohner des Ortes fahren noch heute auf den Schiffen unserer Handelsflotte, der Bagger-, Bugsier- und Bergungsreederei oder des Fischkombinates als Matrosen, Steuerleute, technische Offiziere oder Kapitäne. Zum übrigen sind die meisten Graal-Müritzer, wenn sie nicht in den Einrichtungen des Gesundheitswesens oder des FDGB im Ort arbeiten, in Rostock oder Warnemünde in den Werften, im Dieselmotorenwerk, Fischkombinat oder weiteren wichtigen Industriezweigen tätig. Andere fahren auch nach Ribnitz-Damgarten, wo sie meistens in der Holzindustrie beschäftigt sind, oder nach Poppendorf ins Rostocker Düngemittelwerk. Die herrliche und besondere Lage des Ortes ließ ihn zu einem beliebten und bedeutenden Kur- und Ferienort der DDR werden. Der fast 5 km lange Strand verbindet Graal und Müritz auf der Seeseite und bietet vielen Menschen einen erholsamen Ferien- und Strandaufenthalt. Der FDGB-Feriendienst besaß 1948 in Graal-Müritz nur das Ferienheim „Karl Friedrich Wander". Seitdem sind es sieben Heime geworden. Zu den FDGB-Heimen sind außerdem noch einige Betriebsferienheime hinzugekommen. Jährlich werden in Graal-Müritz in diesen Heimen etwa 30 000 Urlauber betreut. Das

OSTSEE
Ostseebad Graal-Müritz
Gelbes Ufer
Strandpromenade
Strand-
Strand-
Hauptturm
promenade
Mittel-
weg
Hufenweg
Bungalowsiedlung „Grüne Wiese"
Karl-Liebknecht-Str.
Am Tannenhof
Straße Ribnitzer Straße
Karl-Marx-Str.
Rosa-Luxemburg-Str.
Kurverwaltung
Buchengarten
Sportplätze
Rhododendron-park
Warmbad
Linden-Str.
Clara-Zetkin-Str.
Friedensstr.
Fritz-Reuter-Str.
Dr.-Wossidlo-Str.
August-Bebel-Straße
Dr.-Leber-Str.
Kreiskinderklinik
Landambulatorium
Friedhofsweg
Ostseering
Am Wasserturm
Lindenweg
Birkenallee
Dr.-Bach-W.
Graaler
Thälmannstr.
Straße Thälmannstr.
Bahnhofstraße
Kliniksanatorium „Richard Aßmann"
Gartenstraße
Stromgraben
Rostocker
An der Jugendherberge
A/11
Wiesenstraße
Bf. Ostseebad Graal-Müritz
Landweg
1 FDGB-Ferienheime:
Magdeburger Hof
K. F. Wander
Johann Frehse
0115
Campingplatz Graal-Müritz
Wiedortschneise
TORFBRÜCKE (zu Rostock)
Bf. Ostseebad Graal-Müritz Schwanenberg
Speckingsgraben
N
zum Ort
Mehrzweckhalle
Zeltkino
Kaufhalle
Arzt
Friseur
Post
Waschraum
Waschraum
Eiscafé
Deutscher Wanderer- und Bergsteigerverband
Sportplatz
Propangas Expreßgut
Zeltplatzleitung
Campingplatz Graal-Müritz
ca. 1:25 000

Reisebüro besitzt im Ort das sehr gut eingerichtete Hotel „Seestern“ mit 40 Plätzen und außerdem 40 Außenbetten. Ein wesentliches Erholungszentrum ist weiterhin der Campingplatz „Uhlenflucht“, direkt am Ostseestrand, eingebettet in den Nordrand der Rostocker Heide. Hier verbringen jährlich viele in- und ausländische Campingfreunde erholsame Urlaubstage. Ständig befinden sich auf diesem Campingplatz etwa 3500 Personen; im Jahr annähernd 40 000. Ein weiteres Erholungszentrum ist die Jugendherberge „Fritz Thiel“. Sie beherbergt ebenfalls viele in- und ausländische jugendliche Touristen.
Aber auch im Winter ruht der Erholungsbetrieb nicht. Nach Abschluß der Saison beginnen in vielen Betriebs- und FDGB-Heimen die Kuren für den vorbeugenden Gesundheitsschutz. Wegen seiner günstigen klimatischen Bedingungen (Seeklima, kombiniert mit Wald- und Moorklima) wurde Graal-Müritz 1960 zum staatlich anerkannten Seeheilbad erklärt. Das Klima und das Meer mit seinen Salzverbindungen sind hier besonders günstige Faktoren für die Behandlung von Herz- und Kreislauferkrankungen, Erkrankungen der Atmungsorgane und Allergien. Jährlich werden im Kliniksanatorium „Richard Aßmann“ 4000 kranke Bürger mit besten Erfolgen behandelt. Das Kliniksanatorium ist aus einem früheren Genesungsheim der Berliner Verkehrsgesellschaft hervorgegangen und trägt seit 1951 den Namen eines verdienstvollen Funktionärs der Berliner Sozialversicherung, Richard Aßmann. Im Park des Sanatoriums wurden ihm zu Ehren ein Gedenkstein und eine Büste aufgestellt, die 1978 von Alexander Abusch, dem Schwiegervater Richard Aßmanns, enthüllt wurde. Richard Aßmann war ein Verfechter der Arbeiterklasse und ein Kämpfer für den Frieden. Er wurde im Juni 1933, während der Köpenicker Blutwoche, von den Faschisten ermordet.
Dem Kliniksanatorium ist das Kindersanatorium „Tannenhof“ in Graal-Müritz Ost angeschlossen. 1884 eröffnet, ist es das älteste Kindersanatorium an der Ostseeküste. Hier erhalten jährlich etwa 1200 Kinder aus den Südbezirken bzw. aus Ungarn, die an Erkrankungen der Atemwege leiden oder chronische Hautkrankheiten haben, eine Heilkur. Im Kliniksanatorium wie im Kindersanatorium ist die Thalassotherapie (Meeresheilkunde) die wichtigste Behandlungsform während der Kur, eine Behandlung am Meer mit spezifischer Anwendung von Wasser, Wind und Sonnenbestrahlung. Dazu kommt ein streng geregelter Tagesablauf mit einer ärztlich verordneten Ernährung.
Man strebt in der Erholungsfunktion eine Teilung im Ort an: Der westliche Teil von Graal-Müritz bildet den inneren Kurbereich des Sanatoriums „Richard Aßmann“ samt allen Kureinrichtungen und Außenhäusern, in ihm liegt ein Rhododendronpark. Der östliche Teil von Graal-Müritz soll hauptsächlich den FDGB-Urlaubern vorbehalten sein. Am Strand selbst wird diese Trennung kaum sichtbar.
In Graal-Müritz-Mitte befindet sich am Ende der Rosa-Luxemburg-Straße in der Nähe des Strandes unter hohen Kiefern und Buchen das große Pionierzeltlager „Martin Andersen Nexö“ mit einem festen Stammhaus. In ihm können jedes Jahr in drei Belegungen während der Sommerferien 3000 Thälmann-Pioniere frohe Ferientage verleben. Zu den vielen Erholungsuchenden und Urlaubern kommen alljährlich noch über 650 000 Naherholer aus der näheren und weiteren Umgebung dazu. So ist Graal-Müritz in wenigen Jahre zu einem bekannten nationalen und internationalen Ostseebad geworden. 1989 erholten sich hier 110 000 Werktätige aus dem In- und Ausland. – Zu empfehlen ist auch ein Besuch der Heimatstube in der Ernst-Thälmann-Straße. Sie gibt einen Einblick in die Geschichte des Ortes. Der relativ breite und lange Strand ist in der Lage, die vielen sonnenhungrigen Menschen aufzunehmen. Das wäre um 1880 noch problematisch gewesen, gab es damals nur in Müritz Badestellen. Hierher kamen auch Einwohner und Urlauber aus Graal. Es wurde allerdings getrennt gebadet: Zu bestimmten Zeiten badeten die Frauen und zu anderen die Männer. Beide früheren Orte gehen heute als Ortsteile ineinander über. Sie wurden 1979 durch ein modernes Neubaugebiet mit 480 Wohneinheiten und einer polytechnischen Oberschule miteinander verbunden.
Graal – wie auch Müritz – kann auf eine lange Geschichte zurückblicken. Bereits 1328 schenkte Fürst Heinrich der Löwe von Mecklenburg den Wald „Muryz“, was soviel wie „der am Meer gelegene“ heißt und slawischen Ursprungs ist, dem von ihm gestifteten Kloster „St. Klaren“ zu Ribnitz. Das Kloster erhielt zugleich die Genehmigung

Graal-Müritz, Kliniksanatorium „Richard Aßmann"

in diesem Gebiet für die Viehzucht einen Hof anzulegen. Der Waldflurname „Müritz" ging dabei auf den Klosterhof, später auch auf die 1816 gebauten Büdnereien über. Ein großes Gebäude wurde nahe dem Strand errichtet, etwa zwischen dem heutigen Kindersanatorium „Tannenhof" und dem Strand, das noch durch einen Waldstreifen von der See getrennt war. Später wurden von dem Fundament dieses Hofes die 12 Büdnereien von der sog. „Langen Reihe" gebaut, alle rohrgedeckt und an der Vorderseite mit sechs Fenstern. Es sind die Büdnereien, die zwischen dem Textil-Konsum und dem Kindersanatorium in der Karl-Marx-Straße stehen. Ihnen gegenüber standen Tannen (daher Tannenhof). Sechs dieser Büdnereien erhielten Graaler Matrosen, die 1811 von der mecklenburgischen Regierung für die Flotte Napoleons gestellt werden mußten; sie waren ihnen für ihre glückliche Heimkehr versprochen worden. Die restlichen wurden anderweitig vergeben. Schon zu dieser Zeit wurden durch die schöne Lage des Ortes zwischen Wald und See viele Badelustige angelockt. Starken Auftrieb erhielt das Badeleben in Müritz durch den damaligen Pastor Bunge vom Kloster Ribnitz. Es kamen immer mehr Gäste, und man erwog 1879 den Bau eines großen Logierhauses, des Hotels „Anastasia". Heute befindet sich in diesem Gebäude das Textil-Konsum-Geschäft in der Karl-Marx-Str. Von hier aus wuchs in westlicher Richtung nun ein neues Müritz. Die ersten Seebadekuren wurden 1880 durchgeführt. Nachdem der Schweriner Medizinalrat Dr. Mettenheimer Müritz zu einem geeigneten Bade- und Kurort erklärt hatte, war nun für seine weitere Entwicklung die Eröffnung eines „Kinder-Asyls" 1884 im Gebäude des heutigen Kindersanatoriums „Tannenhof" von großer Bedeutung. Müritz wurde Ostseebad. – In Graal soll der mündlichen Überlieferung nach nur eine Wassermühle am Stromgraben und eine Windmühle, in der Nähe der heutigen Konsum-Gaststätte „Waldhotel", gestanden haben. 1332 wurden der Äbtissin des Ribnitzer St.-Klaren-Klosters für 300 Mark Rostokker Pfennige drei Hufen Heide bei dem Hofe Müritz bis zum „Groten Strom" (Stromgraben) mit dem dazugehörigen Strand verkauft. Ein 1649 urkundlich erwähnter fürstlicher Meierhof in Graal ist 1752 in Büdnereien aufgeteilt worden. 1885 bestand das Dorf aus einer Erbzinsstelle, die den Stammhof darstellte, sieben Großbüdnern, die sich gern als Bauern bezeichneten und sich somit als Oberschicht des Ortes betrachteten, und sieben Kleinbüdnern. Interessant ist, daß alle Großbüdner eine Kommunewirtschaft betrieben. Sie bestellten gemeinsam das Feld und verlosten den Erlös unter sich, jeder half dem anderen. Sie hatten bereits damals einen stark ausgeprägten Gemeinsinn und große Einigkeit im Ort entwickelt. Die Schule bildete den Mittelpunkt des Dorfes. Sie stand an der Stelle des heutigen Hortes. Bis 1979 war das Gebäude POS. Nach Westen schlossen sich strohgedeckte Kleindbüdnerhäuser an, alle mit sieben Fenstern in der Vorderfront. Durch den anwachsenden Besucherstrom wurden nun an diese Häuser anschließend in westlicher Richtung neue Häuser gebaut. Sie bildeten das neue Graal, heute ein kultureller Mittelpunkt des Ortes. Größere Veranstaltungen finden außerdem an der Konzertmuschel am Strand und auf dem Veranstaltungsplatz in der Rosa-Luxemburg-Str. statt. Östlich von der damaligen Schule standen die Häuser der Bauern. Hiervon sind nur noch wenige erhalten. Badegäste, die früher in Müritz kein Unterkommen mehr fanden, kamen nach Graal. Da die Graaler alles aufboten, ihren Gästen, meist Berlinern, die Unterkunft so angenehm wie möglich zu machen, kamen sie alle Jahre wieder.

Wanderungen

Die Wanderungen sind teilweise markiert.

Zum Großen Moor und zurück (7,0 km)

Vom Bahnhof Graal-Müritz den Graaler Landweg (die alte Fischländer Landstraße) entlang bis zur Mülldeponie. Der Weg nach links führt auf die Teerstraße nach Ribnitz-Damgarten und durch Kiefern-Buchen-Wald und Kiefernschonungen mit Blau-, Preiselbeeren und gelegentlich auch Wacholder im Unterbewuchs. Auf der Teerstraße biegen wir rechts und nach 250 m, am Parkplatz, nach links in eine breite Schneise ein und wandern diese bis zum Ende. Der Weg verengt sich dann und führt gerade weiter in einen Hochwald mit viel Adlerfarn im Unterwuchs. Nach 50 m biegen wir rechts und nach 200 m wieder links ab in den sog. Scheideweg. Hier geht der Hochwald in einen Birken-Erlen-Bruchwald über, es wird merklich feuchter. Hier am Rande des NSG „Großes Moor" macht ein Naturschutzschild auf das Verhalten in diesem Gebiet aufmerksam. Hin und wieder begegnet man am Boden größeren oder kleineren Haufen der Roten Waldameise. Diese Haufen dürfen wir nicht zerstören, denn diese Insekten sind die „Polizei" des Waldes, sie beseitigen tote Tiere. Auf diesem Weg, der die Wasserscheide des Moores markiert und zum Moorrand etwa 20–30 cm höher liegt, wandern wir weiter. Das Moor ist ein Küstenhochmoor. Es unterliegt dem maritimen Klimaeinfluß und besitzt demzufolge eine spezielle Flora. Alle typischen Hochmoorpflanzen kommen hier vor, so Sumpfporst, Glockenheide, Rosmarinheide, Rauschbeere, Preiselbeere, Sonnentau, Gagelstrauch, Scheidiges- und Schmalblättriges Wollgras. Der Hochmoorbildner ist das Torfmoos; auf ihm wachsen Königsfarn und an trockenen Stellen auch Krähenbeere. Dieses Moor wurde bis ins 18. Jh. ausgebeutet. Nur an wenigen Stellen ist daher sein ursprünglicher Charakter noch zu sehen. Gegenwärtig befindet es sich in einem Übergangsstadium. Manche Moorflächen weisen unterschiedliche Verlandungsstadien auf. Das Moor liegt in einer Ortsteinwanne, die sich nach der letzten Eiszeit gebildet hat und das Sammelbecken für das nährstoffarme atmosphärische Wasser ist. In ihm wächst das Torfmoos sehr rasch. Neben dem Sonnentau findet man in den Gräben oder Wasseransammlungen des Moores eine andere insektenfressende Pflanze, den Wasserschlauch mit seinen gelben helmartigen Blüten und den Fangblasen in den Blattachseln. Zoologisch ist interessant, daß hier der Kranich brütet, ein scheuer Vogel; das mahnt zur besonderen Ruhe. An sonnigen Tagen ist sehr auf Kreuzottern zu achten. Der breite Fischergraben, den wir überqueren, entwässert das Moor von hier nach Osten in den Ribnitzer Bodden; nach Westen in die Ostsee. 500 m weiter sehen wir die Dünen des Strandes. Vor ihnen breitet sich eine Trockenrasenfläche bis Graal-Müritz-Ost aus. Sie wird von der Sandsegge durchzogen, einem niedrigen Riedgras, das große Trockenheit verträgt. Nach 45 Min. erreichen wir die Konsum-Gaststätte „Zur Düne" im Ort.

Nach Klockenhagen (16,0 km)

Wie bei Wand. 1 zur Teerstraße nach Ribnitz-Damgarten. Wir erreichen nach 1,5 km den Ort mit dem Naherholungszentrum „Klein-Müritz". 100 m nach dem Ortseingangsschild biegt die Straße rechts ab, wir wandern jedoch die befestigte breite Waldstraße geradeaus weiter durch herrlichen Mischwald mit den verschiedensten Laub- und Nadelbäumen. Nach kurzer Zeit passieren wir die Försterei Altheide und erreichen nach 3 km die Teerstraße Klockenhagen–Wustrow. In diese Straße biegen wir rechts ein und kommen nach 2 km nach Klockenhagen, einem ehem. Bauerndorf, in dem seit 1977 das Gesicht des Ortes von dem VEG Klockenhagen wesentlich mitgeprägt wird. In seiner öffentlichen Gaststätte können Mahlzeiten eingenommen werden. Sehenswert ist das Freilichtmuseum (vgl. „Klockenhagen ..."). Von einer der nahen Bushaltestellen kann die Rückfahrt nach Graal-Müritz angetreten werden. – Man kann diese Wanderung auch mit dem Fahrrad absolvieren.

Zum Garthe-Stein und zurück (9,0 km)

Vom Schuhgeschäft an der Straßengabel Ernst-Thälmann-Str./Rostocker Str. vorbei am Sanatorium „Richard Aßmann" zum Gebäude der PGH „Bau" und weiter zum Forsthaus Torfbrücke. Kurz vorher passieren wir die Torfbrücke über den Stromgraben; nach ihr ist das gesamte Forstrevier und auch der Rostocker Ortsteil benannt. Sie war bis zum Beginn des 19. Jh. die größte Brücke der Heide. Über sie gingen die gesamten Torftransporte aus dem Ribnitzer Großen Moor nach Rostock; daher erhielt sie ihren Namen. Die Forstarbeitersiedlung Torfbrücke ist um 1900 entstanden. Der Stromgraben entwässert den mittleren Teil der Rostock-Gelbensander Heide. Sein Wasser ist dunkel und moorig. Nach einer Urkunde von 1252 hieß er Zarnezstrom, was slawisch soviel wie „dunkler Strom" bedeutet. – Nach der Eiszeit sind durch die Urströme der Warnow und Recknitz große Mengen feinsten Sandes hier abgelagert worden. Er wurde später durch Wind verweht, und teilweise entstanden auch Dünenzüge, die heute noch beim Durchwandern der Heide als Erhöhungen auffallen (Straße nach Rostock). Nach dem Rückgang des Eises bildeten sich in den Vertiefungen Eisseen, die später verlandeten und zu Mooren wurden (Hochmoore). Aufgrund des sandigen Untergrundes ist der Heidecharakter gegeben, dazu kommen die typischen Pflanzen der Familie Heidekrautgewächse sowie der Wacholder. Im Laufe der Zeit bewaldete sich diese Heide und wurde zur sog. „Waldheide". Die „-hagen"-Dörfer sind Rodungsdörfer, nach der Rodung des Waldes dort entstanden, z. B. Heinrichshagen. Wir wandern weiter in Richtung Rostock und biegen nach 300 m links in den Teerofenweg ab. Er führt an einer Ausbaggerung von 1960/61 vorbei, die der Anfang für einen Seekanal war, der Warnemünde mit dem Ribnitzer Bodden verbinden sollte. Angler (Anglergenehmigung) können hier angeln! Der Weg verläuft schließlich durch unterschiedlichen Hochwald und biegt hinter diesem in einem spitzen Winkel in die Teerofenschneise rechts ein. Am Schnittpunkt des Teerofenweges mit der Teerofenschneise befand sich bis zum 19. Jh. eine der zahlreichen Köhlereien der Rostocker Heide. Die Teerofenschneise wandern wir weiter bis zum ehem. Holzverladeplatz Müggenburg. Nach 1500 m ist die Siedlung Müggenburg erreicht (ein Haus). Müggenburg war ursprünglich ein Pachthof der Stadt Rostock, der im Mittelalter 1000 m weiter nördlich lag. Der kleine Teich, der „Müggenborger Dieck", den wir noch passieren werden, lag in seiner Nähe. Der Pachthof wurde erst-

Auf dem Heimweg

malig 1528 erwähnt. Nach 1750 ging er ein. Wir überqueren anschließend die Schienen der Bahnstrecke Graal-Müritz–Rövershagen sowie die Straße und kommen auf einer Schneise nach 400 m an den Müggenborger Dieck. Unter den Eichen an seinem Ufer steht der Krause-Stein, ein Findling. Dr. h. c. Ludwig Krause (1863–1924), der sich um die Erforschung der Heide verdient gemacht hat, wurde an diesem stillen Heideort ein Denkmal gesetzt. Nach weiteren 500 m tritt schließlich der Wald zurück und gibt den Blick rechts auf die Raminsche Wiese frei. Ihr Name ist slawischen Ursprungs. Am Rande dieser Wiese steht rechts vom Weg unter einer großen Buche der Garthe-Stein, ein weiterer Findling, der zum Charakter der Heide paßt. Max Garthe war von 1897 bis 1916 Forstinspektor der Rostocker Heide. Beide Findlinge lagen ursprünglich am Rande der Heide und wurden an ihre heutigen Standorte transportiert. Nach kurzer Rast stoßen wir nach 600 m auf den Blockbrückenweg und folgen ihm nach rechts. Nach dem Überqueren der Birkhorstschneise treffen wir 400 m weiter auf eine dreifache Weggabelung. Den mittleren Weg benutzen wir 600 m bis zur Wiedortschneise. Interessant sind rechts des Weges die „Fünf Brüder", eine Eiche mit fünf Austrieben. Links abbiegend ist man nach 800 m am Strand. Hier biegen wir rechts in den Fußweg ein, der durch den Gespensterwald und auf der Steilküste des „Gelben Ufers" entlangführt. Bald ist der herrlich gelegene Campingplatz „Uhlenflucht" am Strand der Ostsee erreicht. Wir folgen nun der Fahrstraße, überschreiten den Stromgraben, der wegen Rückstauung bei Hochwasser 2 m tief ausgebaggert wurde, um Hochwasser zu vermeiden. Schließlich gelangen wir in Graal-Müritz West zur Konsum-Gaststätte „Waldhotel" am Ende der Ernst-Thälmann-Str.

Nach Warnemünde (13,0 km)

Zu dieser Strandwanderung verlassen wir den Ort beim Konsum-Café „Seeblick" am Strand in Richtung Westen auf dem Weg zum Campingplatz „Uhlenflucht", der mit seinen Verkaufskiosken nach 10 Min. erreicht wird. Wir gehen an den Strand hinunter und wandern am Strand entlang nach Warnemünde. Zur Linken zeigt sich der Gespensterwald mit seinen eigenartig gewachsenen Buchen, davor stehen teilweise Sanddornbüsche, deren Vitamin-C-reiche Früchte im Herbst auffällig leuchten. Hier am Steilufer, dem sog. „Gelben Ufer", kann man sehr gut den Untergrund der Rostokker Heide studieren: Im Bodenprofil zeigt sich oben eine dunkelbraune Schicht, der Mutterboden/Waldboden bzw. humoser Sand, darunter eine graue Sandschicht, die sog. Aschschicht, und dann unterschiedlich tief und unterschiedlich stark ein dunkelbraunes Band, die Ortsteinschicht. Darunter befindet sich schließlich gelber, eisenhaltiger Sand, der öfter durch Mergelschichten abgelöst wird. Der Sand wurde nach der Eiszeit hier angeschwemmt. Ortstein entsteht in kalten Klimazonen unter humosen Böden bei Vorhandensein von eisenhaltigem Sand. Der Ortstein hat teilweise eine so große Mächtigkeit und Härte, daß die Baumwurzeln von Tiefwurzlern (Eichen, Buchen, Kiefern) ihn nicht durchdringen können, sondern an seiner Oberfläche entlangwachsen müssen. Das „Gelbe Ufer" ist ein stark gefährdeter Küstenteil. Jährlich brechen hier mehrere Meter des Ufers in die Tiefe und werden von der See forttransportiert. Heruntergestürzte Büsche und Bäume bedecken dann den Strand. Dieser Strand ist für die FKK-Anhänger freigegeben. Hin und wieder ragen aus der See noch Stümpfe alter Buhnenreihen heraus, die 1908/15 errichtet wurden. Sie stehen oft schon weit im Meer und lassen ahnen, wie gewaltig die Herbst- und Winterstürme oft sind. Jedes Jahr bringt der Küstenrückgang der Wasserwirtschaft neue Schwierigkeiten. Der Transport erfolgt infolge der vorherrschenden nordwestlichen Winde nach Nordosten. Jedoch wird durch die im Sommer auftretenden nördlichen Winde diese Strandversetzung vorübergehend gestoppt oder gar gänzlich rückläufig. Angelandet wird dieses verfrachtete Material zu einem geringen Teil in der Gegend von Neuhaus-Dierhagen, hauptsächlich aber am Darßer Ort. Am stärksten wird das Kliff bei den herbstlichen und winterlichen Nord- und Nordoststürmen angegriffen. Der höchste Wert des Küstenrückganges ist mit rund 100 m seit 1907 vor der Vierbirkenschneise zu verzeichnen. Vom Stolper Ort bis Rosenort herrscht fast ausgesprochener Buchenwald vor; das Gelände fällt gleichzeitig von 4,5 auf 0,5 m ab. Hier macht die Küste eine Krümmung, hinter der man den Rostocker Stadtteil Warnemünde sieht. Besonders augenfällig sind die Kabelkrananlage der Warnowwerft, das Hotel „Neptun", die Gaststätte „Teepott" und der Leuchtturm. Die Endung „-ort" in Rosenort, Stolper Ort und Wiedort bedeutet soviel wie vorspringende Ecke (Wiedort = Weideort). Im Volksmund wird die Krümmung am Rosenort auch „dei hoge Schnut" genannt. Die früher sehr vielen wilden Rosen sucht man heute vergebens. Wenn der Wald aufhört, liegt hinter der Düne das flache Wasser des „Heiligen Sees". Die Düne vor uns ist 1963 künstlich aufgeschüttet worden. Seit 1949 war an dieser Stelle das Meer ständig durchgebrochen und hatte Teile des Sees und des Hinterlandes überflutet. Der See ist durch Sandflug vom Meer her in ständiger Verlandung begriffen. Bis Warnemünde sind es von hier 1 1/2 Stunden. Das Gebiet des „Heiligen Sees" und das sich anschließende „Hütelmoor" sind Naturschutzgebiet. Es ist ausgesprochen moorig und schwierig betretbar. Auf der Ostsee erblicken wir oft große Schiffe, die vor Warnemünde auf ihre Einfahrt in den Überseehafen warten. Kleinere Schuten, mit Baggersand beladen, kommen bis vor Rosenort, um ihn hier abzuladen. Der Sand stammt oft aus der Fahrrinne zum Überseehafen. Sie versandet sehr schnell und muß stets von Baggern freigehalten werden. Nach einer 3/4 Stunde werden am Strand die Häuser von Rostock-Markgrafenheide erreicht. Sie liegen hoch auf einem Kliff, das dem Angriff der See ebenfalls stark ausgesetzt ist. Seit 1920 ging es jährlich etwa 20–25 cm zurück, bis man es 1964 mit Steinen und Beton neu absicherte. Im Frühjahr 1968 wurde die Befestigung abermals zerstört und 1969/70 wieder neu errichtet. Nach kurzer Zeit sind wir wieder im Nadelwald. Seine Schwarzkiefern zeichnen sich durch sehr lange Nadeln und besonders schöne Zapfen aus. Am Wald bereits verlassen wir den Strand, gehen über die Düne auf die Straße und wandern rechts weiter nach Warnemünde. Nach reichlich 20 Min. ist die Auto- und Personenfähre erreicht, die von Hohe Düne nach Warnemünde übersetzt. – Hier lohnt ein kurzer Rundblick: Gegenüber auf der anderen Seite der Fahrrinne, am Neuen Strom, liegt der Passagierkai, an dem Schiffe wie die „Arkona" anlegen. Halblinks sehen wir die Werkanlagen der Warnowwerft mit dem Ausrüstungs- und Reparaturkai. – Für den Rückweg kann auch ganz oder teilweise der Omnibus ab Hohe Düne benutzt werden: Entweder fährt man bis Markgrafenheide und wandert von der Bushaltestelle wieder zum Strand zurück, oder man fährt in Richtung Ribnitz-Damgarten die Route über Graal-Müritz.

OSTSEE
Dierhagen-Ost
6
Dierhagen-Strand
0116
Ostseebad
Dierhagen
9
Dierhäger
Moor
NSG
Neuhaus
Strand
5
Dändorf
Großes
Moor
Torfwärter
FKK-
Elsterbruch
Müritzer
Moor
NSG
Buche
Ostseebad
Graal-Müritz
Fischerbach
Hof
Körkwitz
Fischländer Weg
Klein Müritz
2
Rieddamm-
wisch
111
113
Mürder-
kuhlwisch
116
115
Ribnitzer Landweg
Körkwitzer Bach
120
Glähnsädschneise
122
123
Fugenortschneise
Neuheide
Neu
Klockenhagen
Im Bolz
117
Klockenhagen
126
Glähnsäd-
eiche
124
Natheidenschneise
2
Neu Hirschburg
Freilichtmuseum
Hirschburg
1:50000

Ostseebad Dierhagen

mit Dändorf und Neuhaus

Dierhagen (1550 Einw., Krs. Ribnitz-Damgarten) mit seinen Ortsteilen Dändorf, Neuhaus, Dierhagen-Strand und Dierhagen-Ost liegt im Vorland des Fischlandes, auf der Verbindung der Halbinsel Fischland-Darß-Zingst mit dem Festland, und verfügt über Strände an der Ostsee (6 km) und am Saaler Bodden/Ribnitzer See. Der ausgedehnte Ort an der vor allem im Sommer vielbefahrenen Fischlandstraße ist ein beliebter Ferienort und beherbergt alljährlich rd. 43 000 Urlauber und Kurgäste, die dort teilweise auch im Winter weilen (prophylaktische Kuren), in Heimen (FDGB-Heime „Ernst Moritz Arndt" u. „Lebensfreude", Betriebsheime), privaten Unterkünften, Ferienlagern und auf dem Campingplatz. Für eine vielfältige kulturelle und auch sportliche Betreuung wird gesorgt. Sehenswert sind u. a. Seefahrerhäuser in Dändorf. Das VEG Zingst betreibt hier Futtergewinnung, das VEG Klockenhagen Rinderaufzucht. Hierfür waren an der Boddenseite Meliorationen und Eindeichung erforderlich. Die Fischer gehören der FPG „Fischland" in Ribnitz-Damgarten an. – Zahlreiche mittel- und jungsteinzeitliche Funde belegen eine frühe Besiedlung. 1311 wurde Dierhagen erstmals urkundlich genannt. Seit 1327 unterstanden dem Hof (mit Gestüt) alle Dörfer bis Althagen auf dem Fischland. 1664 pachteten die Dierhäger Kleinbauern gemeinsam diesen Hof des Ribnitzer St.-Klaren-Klosters und entgingen so der schweren Fronarbeit – ein Ausnahmefall in der mecklenburgischen Bauerngeschichte. Während der Zeit der Segelschiffahrt (bis 1880) gingen auch viele Dierhäger auf „große Fahrt". Seit etwa 1900 kam der Badebetrieb auf (1934 amtlich „Ostseebad"). 1957 wurde als erstes neuerbautes FDGB-Heim das Heim „Ernst Moritz Arndt" eröffnet (heute als „Denkmal der Entwicklungsgeschichte der DDR" unter Schutz gestellt), 1960 das ehem. Ostseebad Ribnitz als Dierhagen-Ost, 1965 Dändorf und Neuhaus eingemeindet. 1963/64 entstand die Umgehungsstraße.

Das heutige Ortsbild verdankt sein Aussehen hauptsächlich dem Wiederaufbau nach dem verheerenden Brand von 1859, als

Beim Anlanden des Fanges

breite, regelmäßige Straßen angelegt und massive Häuser mit Vorgärten errichtet wurden. – Auch Dändorf war ein bekanntes Seefahrerdorf, wovon noch zahlreiche Seefahrerhäuser zeugen. – Neuhaus ging aus einer Schäferei bzw. einem Pachtgut auf der Hohen Düne (bis 13 m hohe und damit höchste Dünenaufwehungen an der südwestlichen Ostseeküste) hervor, das keinen Gewinn abwarf, und wurde bekannt, als 1905 in dem Dünengelände ein Hotel erbaut wurde, seit 1953 FDGB-Heim „Lebensfreude". – Dierhagen-Strand wurde seit der Jahrhundertwende und vor allem wie Neuhaus und Dierhagen Ost in den letzten Jahrzehnten für den Ferienbetrieb stark ausgebaut.

Ostseebad Wustrow

Der Ferienort Wustrow (1500 Einw.; Krs. Ribnitz-Damgarten) liegt im Südteil des Fischlandes und ist von Süden schon von weitem gut zu sehen: besonders auf dem Kirchenhügel die rote Backsteinkirche mit spitzem Turm, der als Seezeichen galt, und das große helle Gebäude, ebenfalls mit Turm, die *Ingenieurhochschule für Seefahrt* Warnemünde-Wustrow, an der zeitweilig alle Seefahrer der DDR ausgebildet wurden. Wustrow zählt im Sommer etwa 19000 Urlauber in den FDGB-Heimen, im großen FDGB-Urlauberdorf (1964), in mehreren Betriebsferienheimen sowie Privatunterkünften. Im Winter werden im FDGB-Heim „Am Strand" prophylaktische Kuren durchgeführt. Auch zahlreiche Wochenendhäuser stehen hier. Im sehenswerten Fischlandhaus sind zahlreiche alte Schiffertruhen, Anker und Seefahrerzubehör und -mitbringsel zu besichtigen. Sehenswert sind weiter mehrere alte Kapitänshäuser, rohrgedeckte große Katen, meist mit Krüppelwalmdach, und im Ortsteil Barnstorf ein niederdeutsches Hallenhaus (1. Hälfte des 18. Jh.). Gern besucht werden die kulturellen Veranstaltungen im FDGB-Heim „Am Strand" und in der Ingenieurhochschule sowie abendliche Kirchenkonzerte und das Zeltkino. Ein Volksfest ist das Tonnenreiten alljährlich im Juli/August. Beliebt sind auch die zeitweiligen Fahrten mit dem Motorschiff auf dem Bodden.

Ursprünglich war das eigentliche Fischland mit Wustrow, Niehagen und Althagen eine bewaldete Insel. Vor der Ingenieurhochschule war der Bodden mit dem Meer durch einen Wasserarm verbunden, den Permin. Zur Zeit der Hanse versenkten jedoch Rostocker und Stralsunder Seefahrer alte Schiffe in diesem Wasserarm sowie in dem zwischen Althagen und Ahrenshoop, so daß die Durchfahrten verlandeten, Ribnitz keine schnelle Verbindung zur Zeit der Hanse, um 1400, zum offenen Meer hatte und keine Konkurrenz für Rostock und Stralsund werden konnte. Wustrow entstand in slawischer Zeit und ist das älteste Fischlanddorf. Neben Fischfang hat die Seefahrt hier Tradition. Zur Zeit der Segelschiffahrt im 18./19. Jahrhundert fuhren Wustrower Schiffe auf allen Meeren und brachten dem Ort Wohlstand. 1846 wurde hier die bekannte Seefahrtsschule gegründet, die nach 1949 stark erweitert und 1969 zur Ingenieurhochschule für Seefahrt Warnemünde-Wustrow (Sektion Grundlagenausbildung) erhoben wurde. Nach dem Rückgang der Segelschiffahrt am Ende des 19. Jahrhunderts kam nach und nach der Badebetrieb auf. In den letzten Jahrzehnten brachte die sozialistische Entwicklung vor allem im Erholungswesen auch hier einen großen Aufschwung.

Wustrow-Barnstorf, niederdeutsches Hallenhaus

Vordarß
NSG
Ahrenshooper Holz
26
Ostseebad Ahrenshoop
14
Schifferberg
Poggenpohl
Bodenort
OSTSEE
Vittebrook
Althagen
Hohes Ufer
Bakelberg
Fulge
18
Niehagen
Balenbrink
FISCHLAND
LSG
Fischlandhaus
Ostseebad Wustrow
4
Barnstorf
Hohe Ort
FKK-Strand
PERMIN
Ribnitzer Stadtwiesen
SAALER BODDEN
Schifferort
1:50000

Wustrow, Haus „Schifferwiege"

Wanderungen

Nach Ahrenshoop und zum Hohen Ufer und zurück (7,0 km)

Von der Bushaltestelle am Friedhof und der ehem. Mühle vorbei zur Straße nach Ahrenshoop. Nach 10 Min. biegen wir von dieser an der Bushaltestelle in Niehagen rechts ein. In einem alten Rohrdachhaus wohnte hier 1933/45 der Bildhauer Gerhard Marcks. Vorbei an der Gaststätte „Kap der Guten Hoffnung" gelangt man ganz nahe an den Saaler Bodden und hat von einem Hügel aus einen herrlichen Blick auf diesen, im Hintergrund das Ahrenshooper Holz. Der Schutzdeich drängt sich dicht an die Häuser. An dem schmalen Fußweg steht das Haus, in dem seit 1939 das verstorbene Malerpaar Fritz Koch-Gotha und Dora Koch-Stetter lebte. Der Enkel Jan Klünder hat hier eine Keramikwerkstatt, und wenige Häuser weiter steht die Keramikwerkstatt Löber.

Ein schmaler Trampelpfad führt an Gärten mit im Windschutz üppig gedeihenden Blumen zum Ahrenshooper Hafen. Die Bootshäuser fügen sich allerdings nicht harmonisch in die Landschaft. Vorbei an den Gaststätten „Boddenhaus" und „Zur Ostsee", an der die Straße gekreuzt wird, und an gepflegten Wochenendhäusern zum Hohen Ufer. Von der imposanten Steilküste, die einen weiten Blick auf die Ostsee gewährt, stürzt sehr viel Material herab ins Meer, vor allem bei Sturm und durch die Tätigkeit der Seeschwalben. Dem kann zur Zeit noch nicht genügend Einhalt geboten werden. Auf der Höhe entlang wandern wir durch das Dünengelände, das sich allmählich vergrößert. Fernsehen und DEFA ließen hier so manchen Küstenfilm entstehen. 1976/79 entstand das Ahrenshooper Urlauberdorf. Ansehnliche Finnhütten und viele kleine Häuschen in gepflegten Gärten, die größtenteils Betrieben gehören, stehen hier. Der Strand von Wustrow wurde 1978/84 vollständig neu aufgespült. Am Strand befinden sich das Café „Fischland" und wenige Schritte weiter das Café „Sonnenhof". Gegenüber dem Café „Fischland" wurden 1984/85 Wellenbrecher errichtet, die zum Hochwasserschutz und zur künstlichen Strandernährung beitragen sollen.

Nach Barnstorf und zurück (6,0 km)

Wir besteigen zunächst den Kirchturm und genießen von seiner Plattform den umfassenden Rundblick. Am Wustrower Hafen mit seinen Sportbooten vorbei geht es auf der neuen Plattenstraße in den Ortsteil Barnstorf. In diesem ehem. Bauerndorf kann man sich an malerischen alten Bauernhäusern mit ihren typischen Bauerngärten erfreuen. Das Land wird vom VEG Zingst bewirtschaftet. Am Ende der Halbinsel üben oft Surfer mit ihren Brettern. Auf dem Rückweg kommen wir durch die Neubauten in der Osterstraße und vorbei am Fischlandhaus sowie an dem Haus, in dem die Frau gewohnt haben soll, die als letzte „Hexe" des Fischlandes 1664 in Güstrow auf dem Scheiterhaufen ihr Leben lassen mußte.

Ostseebad Ahrenshoop

Ahrenshoop (900 Einw.; Krs. Ribnitz-Damgarten) liegt landschaftlich sehr reizvoll auf dem Darß. Der Ort streckt sich mit seinen Ortsteilen Althagen und Niehagen auf dem Fischland etwa 5 km. Der Verkehr fließt mitten durch den Ort. Doch gibt es viele ruhige Winkel zwischen den malerischen Rohrdachhäusern und am Bodden oder am Hohen Ufer an der Steilküste. Auch der Saaler Bodden ist leicht zu erreichen.
Jeden Sommer verbringen hier etwa 21 000 Feriengäste ihren Urlaub, dazu kommen noch an den Wochenenden etwa 25 000 Tageserholer. Es gibt viele Betriebsferienheime, Wochenendhaussiedlungen, ein Kinderkurheim, das das ganze Jahr über erholungsbedürftige Kinder aus der ganzen DDR aufnimmt. Auch das Betriebsferienheim der Buna-Werke führt im Winter prophylaktische Kuren durch. Im Kurhaus sowie in einigen Betriebsferienheimen finden im Winter Tagungen bzw. Schulungen statt. Ferienplätze vergibt der Kulturbund der DDR für seine Mitglieder hierher.
Sehenswert ist der 1977 nach einem Brand sehr modern und stilvoll wiederaufgebaute *Kunstkaten,* in dem das ganze Jahr über Ausstellungen gezeigt werden (Malerei und Grafik, Plastik, Keramik und Texilgestaltung). Während der Saison finden an jedem Abend Veranstaltungen der verschiedensten Art statt, so u. a. Farblichtbildervorträge über das Gebiet. Die Ahrenshooper *Kirche*, 1951 eingeweiht, ist von einheimischen Handwerkern aus heimischem Material, Holz und Schilf, gebaut worden. Auf dem Platz, auf dem sie steht, mußte für den Kirchenbau eine große Pappel geschlagen werden. Aus ihrem Stamm arbeitete die Ahrenshooper Bildhauerin Doris Oberländer eine künstlerisch sehr wertvolle Kanzel, einen Taufstein und die Rückwand des Altars. Auf dem Friedhof neben der Kirche wurden auch Persönlichkeiten bestattet, die weit über Ahrenshoop hinaus bekannt sind, wie der Maler Hugo Richter-Lefensdorf und die Malerinnen Berta und Anna Gerdesheim.
Zwei gute *Keramikwerkstätten* (Klünder, Löber) befinden sich in Althagen, eine dritte ist in Ahrenshoop neu entstanden. Am Strom wohnt in einem alten Räucherkaten (unter Denkmalschutz) der Maler und Gebrauchsgrafiker Georg Hülsse. Gern auf-

Ahrenshoop, „Bunte Stube"

gesucht wird das Kunstgewerbegeschäft „Bunte Stube", seit über 60 Jahren im Besitz der Familie Wegscheider.
Das traditionelle Heimatfest „Tonnenabschlagen" hängt mit der Besetzung durch die Schweden zusammen und wird in mehreren Dörfern noch jedes Jahr durchgeführt. – Zwischen dem alten Ahrenshoop und Althagen war der Grenzgraben von 1648 bis 1815 die Grenze zwischen Mecklenburg und dem von den Schweden besetzten Vorpommern. Ahrenshoop entstand um 1760 am versandeten Darßer Kanal zwischen Grenzweg und Schifferberg. Im 18./19. Jahrhundert blühte die Segelschiffahrt. Ab 1880 wurde der Ort Malerkolonie und bald darauf bekannter Badeort. Zahlreiche Malerhäuser entstanden neben den alten Fischerkaten. Die ursprünglich selbständigen Rodungsdörfer Althagen und Niehagen, 1950 nach Ahrenshoop eingemeindet, haben ihren Charakter als Bauern- und Fischerdörfer besser erhalten als Ahrenshoop (vgl. auch Wand. von Wustrow nach Ahrenshoop).
Zum Küstenschutz wurde 1986 ein Steinwall (160 m) in der See errichtet, doch an seinem Ende rissen Wellen und Wind große Teile des Ufers ab. Auch die Aufspülung von 1989 wurde vom Wasser geholt. Umfassende Buhnenrekonstruktion und erneute Aufspülung sollen Abhilfe schaffen. Im rekonstruierten Hafen von Althagen können jetzt mehrere Schiffe für den Touristenverkehr auf dem Bodden anlegen.

Wanderungen

Tafel der Wanderungen am Eingang zum NSG „Ahrenshooper Holz"

Zum Ahrenshooper Holz und zurück (6,0 km)

Von der Bushaltestelle Ahrenshoop-Mitte die Dorfstraße in Richtung Prerow, vorbei an der Post, der Sparkasse, der Gaststätte „Seezeichen", der „Bunten Stube" und dem Kunstkaten. Hinter der Düne liegt die Ostsee. Oben auf der Düne steht das Kurhaus, das einen weiten Blick auf das Meer gewährt. Wir verlassen bald den Strand, überqueren die Straße und stehen vor dem Eingang zum NSG „Ahrenshooper Holz". Das Blätterdach der uralten Buchen und Eichen wölbt sich über uns. Waldmeister, vielblütige Weißwurz und Maiglöckchen bedecken den Erdboden, und zwischen dem frischen Grün der Buchen, Eichen und Birken steht das ganze Jahr über das dunkle Grün der Stechpalme (Ilex). Sie wächst hier zahlreich und erreicht Höhen bis 8 m. Im Herbst leuchten ihre roten Beeren. Wir wandern auf dem breiten Weg, der später auf die Asphaltstraße mündet, dann rechts am Graben entlang. Rings um das Wäldchen führt der sumpfige Entwässerungsgraben. Im Graben gedeihen die gelben Schwertlinien. An dem kleinen Trampelpfad treffen wir auf Bäume, die der Sturm entwurzelte und deren Wurzelballen gespenstisch in die Höhe ragen. Das Waldgeißblatt mit seinen orchideenartigen Blüten und Efeu mit teilweise armstarken Wurzeln umranken viele Bäume oder klettern an ihnen entlang. Auch auf ineinandergewachsene Buchen und Birken treffen wir. Bei etwas Glück ist Rehwild und sogar Rotwild zu sehen. Am Eingang treffen wir wieder auf die Straße und gelangen über den Schifferberg zur Kirche und zum Friedhof und wieder zurück.

Ahrenshoop, Kirche

Zum Darßer Weststrand und zurück (12,0 km)

Von der Bushaltestelle Ahrenshoop-Mitte zur Verkürzung der Route mit dem Bus bis Ibenhorst. Auf der Plattenstraße (Markierung: zwei schwarze Punkte auf weißem Grund), die von Ginster besäumt ist, geht es vorbei an der Jugendherberge Ibenhorst und einem Wildgatter durch stattlichen Mischwald zum Großen Stern. Hier kreuzen sich sternförmig 6 Wege. Den ersten Weg links, den Mecklenburger Weg, wandern wir an der ehem. Küstenlinie entlang in herrlichem altem Buchenbestand mit Kiefern, Fichten und Heidekraut. Wir verlassen den Mecklenburger Weg und biegen rechts ab in Richtung Strand. Links von uns sind die Düne des ehem. Meeresufers, rechts hohe Kiefern am Beginn des Neudarß. Vom Hauptweg rechts abbiegend, haben wir links Kiefernschonungen und rechts hohe Kiefern, Heidekraut, Preiselbeeren, Heidelbeeren und Krähenbeeren vor uns. Das Farnkraut erreicht bis zu 4 m Höhe und klettert an den Sitkafichten empor. Einige Bäume der Schwedischen Mehlbeere sind zu sehen. Wir sind jetzt mitten im jungen Anschwemmland, im Gebiet der Reffe und Riegen des Neudarß. Hier stehen uralte prächtige Buchen, einige eng verschlungen oder zusammengewachsen mit sehr hohen Kiefern. Der nächste Querweg, der Müllerweg, bildet die Grenze zu dem Wildaufzuchtgebiet. Wir halten uns links, kommen vorbei an schlanken Kiefern, an denen sich das Farnkraut meterhoch emporrankt, und an wilden Apfelbäumchen und sind bald am Weststrand, einer Abtragungsküste, wo der Müllergraben in die Ostsee mündet. Rechts in Richtung Leuchtturm ist Esperort, wo die einst bekannte Gruppe der Windflüchter stand. Wir gehen links in Richtung Ahrenshoop am Strand entlang vorbei an umgestürzten Bäumen. Jedes Jahr holt sich hier die See vor allem bei Sturm ihre Opfer. Leider tragen unvernünftige Urlauber durch Burgenbau zur Zerstörung und Zerklüftung des Weststrandes bei. Am Strand entlang kommen wir zu den Rehbergen, gehen dort über den Dünenaufgang zu dem nach 1945 gebauten Schutzdeich und gelangen von der Bushaltestelle „Drei Eichen“ zurück.

Norder Bramhakensee
Süder Bramhakensee
NSG
Mittelweg
Leuchtturmweg
Neudarß
LSG
Esperort
West-
darß
Neu Langseer Weg
Strand
Müllergraben
Müllerweg
Raesfeld-denkmal
Mecklenburger Weg
Steinreff
Alter Mecklbg. Weg
Gr. Stern
Sadelpuhl
DARS
Peters Kreu
Altdarß
FKK
Rehberge
Wils
Strandhorst
Drei Eichen
Küsterweg
Ibenhorst
Linder Weg
Großmutter
Undegen-speck
Vor-darß
Cartine
Rosenspeck
Kl. Stern
Linde
Bo

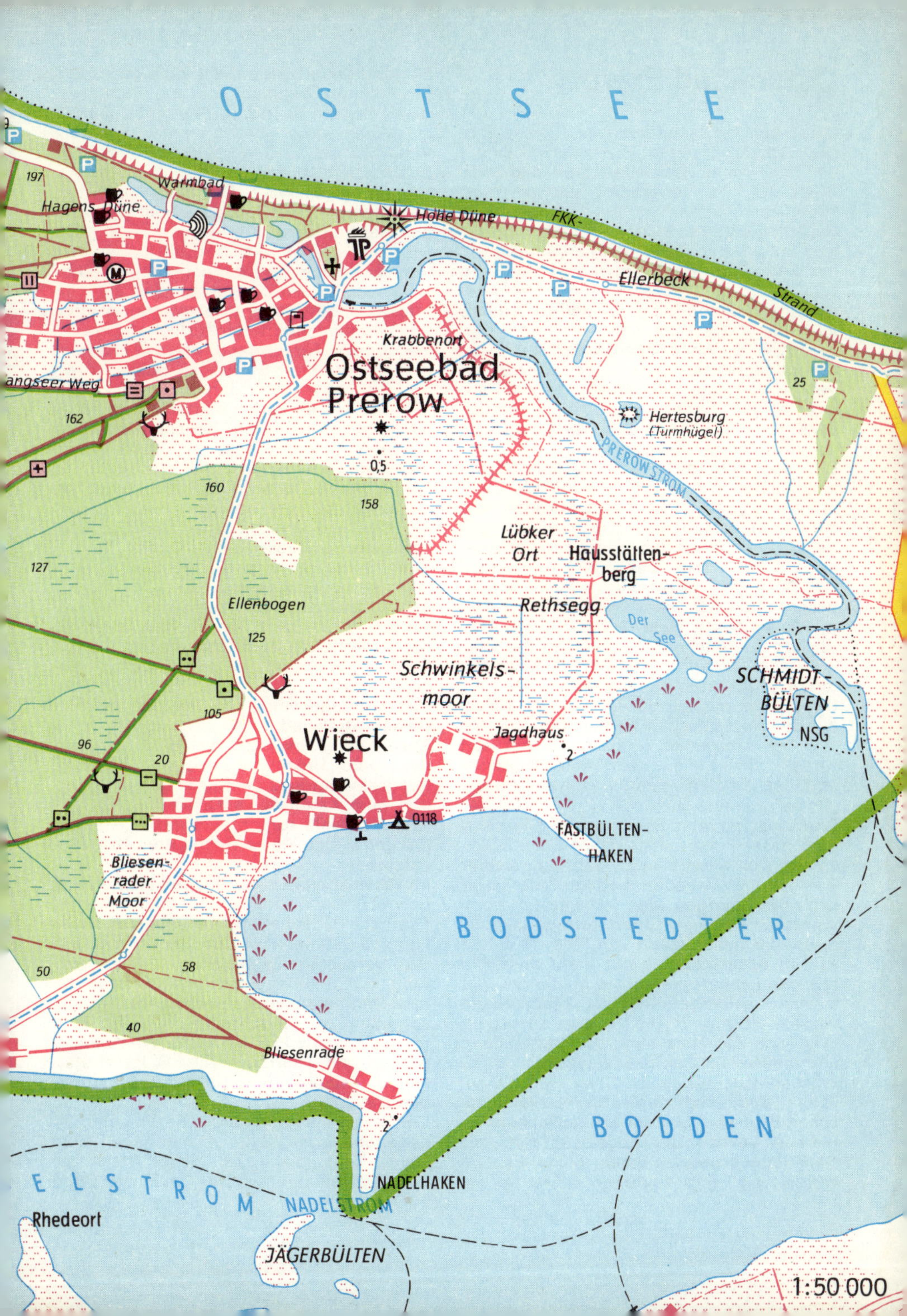

OSTSEE
Warmbad
197
Hagens Düne
Hohe Düne
FKK-
Strand
Ellerbeck
Krabbenort
Ostseebad
Prerow
angseer Weg
162
0,5
Hertesburg
(Turmhügel)
25
PREROWSTROM
160
158
127
Lübker
Ort
Hausstätten-
berg
Rethsegg
Ellenbogen
125
Der
See
Schwinkels-
moor
SCHMIDT-
BÜLTEN
NSG
105
Jagdhaus
2
96
Wieck
20
0118
FASTBÜLTEN-
HAKEN
Bliesen-
rader
Moor
BODSTEDTER
50
58
40
Bliesenrade
2
BODDEN
NADELHAKEN
ELSTROM
NADELSTROM
Rhedeort
JÄGERBÜLTEN
1:50 000

Ostseebad Prerow

Unter den Ostseebädern des Kreises Ribnitz-Damgarten nimmt Prerow (1900 Einw.) der Zahl seiner Besucher nach die erste Stelle ein. Es beherbergt jährlich rund 95 000 Feriengäste.

Seine Beliebtheit verdankt Prerow nicht zuletzt den idealen Badebedingungen. Strand und Badegrund der Prerowbucht sind feinsandig. Die ganz allmähliche Vertiefung gewährt ein hohes Maß an Sicherheit, so daß auch der große Campingplatz Prerow (Kapazität 4000, Wochenendkapazität 400) zu den begehrtesten an unserer Ostseeküste gehört. Wer eine Fuß- oder Radwanderung nicht scheut, findet an der Westküste des Darß Erholung, in einer Strandlandschaft von urwüchsiger Schönheit.

Der Seedeich, der Prerow gegen Sturmhochwasser schützt, das zweifach überbrückte Flußbett des Prerowstromes, der zwei Jahre nach dem Hochwasser von 1872 gegen die Ostsee hin abgeriegelt wurde, und ein bewaldetes Dünengelände trennen das Dorf vom Nordstrand. Befestigte Fußwege führen durch das von Kiefern, Birken und Erlen bestandene Gelände. Eine Rhododendronpflanzung in der Nähe der Freilichtbühne vertieft den Eindruck eines naturnah angelegten Kulturparks.

Die Weiträumigkeit der Ortsanlage beruht auf den geologischen Bedingungen in diesem Neudarßgebiet. Man konnte nur dort siedeln, wo sich aus den ehem. Dünentälern, den „Riegen", erhöhte Dünenzüge, die „Reffe", heraushoben.

Prerow ist ein altes Seefahrer- und Fischerdorf, dessen ursprünglich bäuerliche Bevölkerung sich bereits im 17. Jahrhundert der Seefahrt zuzuwenden begann, als unter den Bedingungen der schwedisch-pommerschen Leibeigenschaftsformen (schwedische Lehnsherrschaft von 1648–1815) die kargen Ackererträge nicht mehr ausreichten, den Lebensunterhalt zu bestreiten. Mit kleinen selbstgezimmerten Fahrzeugen wurden Holz- und Torffrachten versegelt. Wie auch das Holzfällen, der Heringsfang und die Heringsräucherei wurde die Schiffahrt anfangs nur als ein Nebenberuf angesehen. Begünstigt durch die merkantilistischen Bestrebungen der schwedischen Regierung, wurde die Segelschiffahrt des Darß jedoch bald zu einem blühenden Erwerbszweig. Ihre Blüte erreichte sie im 19. Jahrhundert, als auf der alten genossenschaftlichen Grundlage, der sog. Partenreederei, Schiffe für die „große Fahrt" auf allen Weltmeeren gebaut werden konnten. Von 1853 bis 1910 wurden in Prerow 106 Schiffskapitäne gezählt, alle mit dem Patent für große Fahrt. Der Niedergang der Segelschiffahrt im letzten Drittel des vorigen Jahrhunderts führte zu größter wirtschaftlicher Not. Die Darßdörfer verarmten, ein Teil der Bevölkerung wanderte ab.

In dieser Situation brachte der aufkommende Badeverkehr eine Wende. Vielfältige Bemühungen fortschrittlicher Einwohner um eine Förderung des neuen Erwerbszweiges erfuhren Störungen durch Krisen und die imperialistischen Kriege. Erst seit 1947 datiert ein sprunghafter Anstieg der Besucherzahlen. Man begann, zerstörte Kureinrichtungen wieder instand zu setzen und neue zu bauen.

Heute besitzt Prerow eine Reihe vorzüglich eingerichteter Heime des FDGB-Feriendienstes und verschiedener Großbetriebe. Das Internationale Pionierlager „Kim Il Sung" (Kap. im Sommer 920, im Winter 400) besitzt ausgezeichnete Unterkünfte und einen modernen Speiseraum. Die Gesellschaft für Sport und Technik unterhält das Zentrale Ausbildungslager „Egon Schultz". Trägerbetrieb des Kinderferienlagers „Ernst Thälmann" ist der VEB Bau- und Montagekombinat Industrie- und Hafenbau Stralsund.

Rekonstruiert wurden die HOG „Dünenhaus" und „Helgoland", neu erbaut Versorgungseinrichtungen auf dem Campingplatz und eine Kaufhalle in Ortsmitte. Für das leibliche Wohl sorgen auch Milchbars, Cafés und einige kleine Gaststätten bzw. Imbißstuben.

Im Ortsbild nicht zu übersehen ist die neue polytechnische Oberschule mit moderner Turnhalle. Urlauber, die sich sportlich oder kulturell betätigen möchten, können sich in den Veranstaltungsplänen, die Kurverwaltung, FDGB-Feriendienst und Dorfklub gemeinsam herausgeben, informieren. Im besonderen sei hingewiesen auf den Führungsdienst der URANIA für Waldwanderungen, auf Fahrradverleih, Wassertreterverleih, Kremser- und Kutschfahrten durch den Darßwald.

Der Staatliche Kunsthandel Berlin unterhält gegenüber der Gst. „Dünenhaus" eine kleine Kunstgalerie. An dieser Stelle befand sich bis zum Tod des Darßmalers und

Prerow, historische Küche im Darß-Museum

Grafikers Th. Schultze-Jasmer (1888–1975) die 1921 von ihm gegründete „Darßer Kunsthütte". Sein Wohnhaus mit Atelier in der Grünen Straße, ein ehem. Fischerhaus, steht unter Denkmalschutz. Zu Ehren des Grafikers Albert Schäfer-Ast (1890–1951) wurde in Prerow eine Straße benannt; seine Wohnkate trägt eine Gedenktafel. Einige original erhalten gebliebene Seemanns- und Fischerhäuser sowie einige Gebäude aus der Frühzeit der Bäderentwicklung wurden 1974 in die Kreisdenkmalliste aufgenommen und mit dem Zeichen für Baudenkmale versehen.

Sehenswert ist die Vielzahl der alten Wiesengehöfte im Ort, die beliebte Fotomotive sind. Prerow, von vielen Darßfreunden das „Seebad im Grünen" genannt, weil Dorflandschaft und Wald fast unmerklich und harmonisch ineinander übergehen, hat nichts von seinem Reiz eingebüßt. Manches der neu erbauten Einfamilienhäuser setzt die Tradition fort, die einst von den Seeleuten geprägt wurde: Bunte Haustüren, geschnitzte Fensterläden, Giebelzeichen und Wetterfahnen; nicht immer gelingt es, das beliebte Schilfrohrdach zu bekommen. Nicht versäumen sollte man es, Seemannskirche und Seemannsfriedhof zu besichtigen. Die Seemannskirche (1726/28), ein Beispiel der maritimen Volkskultur, besitzt einen barocken Kanzelaltar und ist bekanntgeworden durch die schönen Segelschiffsmodelle in ihrem Innenraum. Die Kirche steht unter Denkmalschutz. Auf dem Seemannsfriedhof zeigen 200jährige verwitterte Grabmale aus schwedischem Sandstein Segelschiffre-

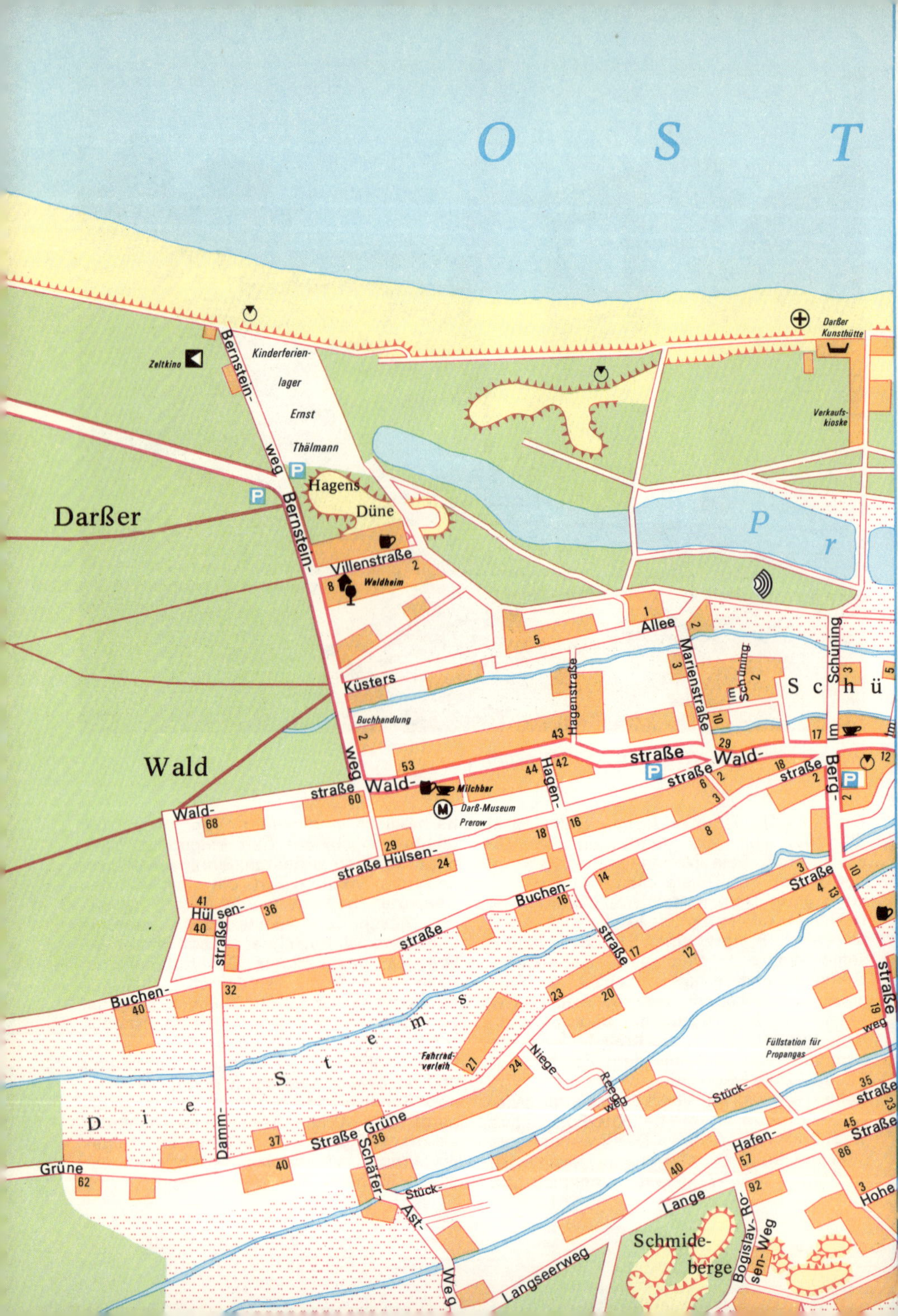
O S T
P r
Zeltkino
Kinderferienlager Ernst Thälmann
Bernsteinweg
Darßer Kunsthütte
Verkaufskioske
Hagens Düne
Darßer Wald
Villenstraße
Waldheim
Allee
Marienstraße
Hagenstraße
Im Schüning
Schüning
Schü
Küsters
Buchhandlung
Waldstraße
Milchbar
Darß-Museum Prerow
Hülsenstraße
Buchenstraße
Dammstraße
Die Stems
Fahrradverleih
Niege
Reegeweg
Stückweg
Grüne Straße
Schäfer-Ast-Weg
Stück-
Langseerweg
Lange
Schmideberge
Bogislav-Rosen-Weg
Hafenstraße
Hohe Straße
Bergstraße
Füllstation für Propangas

Ostseebad Prerow
ca. 1:10 000
SEE
Hohe Düne
HOG Dünenhaus (mit Milchbar)
Tennisplatz
Am Deich
Kim Jl Sung
Kirchenort
Mittelgrund
Mittel-grund
Prerowstrom
Sportplatz
Sporthalle
Schüning
Kurverwaltung
Darßer Lichtspiele
Strand-str.
Strand-straße
Bebel-straße
Remel
Heinestr.
Lentz-allee
Seestern
Zentral
Mühlen-straße
Schul-straße
Hafen-straße
Lange Straße
Weg
Wiecker
Milchbar
Am Hafen
Krabbenort
Hirten-str.
Alte Straße
Drümpel

liefs und andere Ornamente früherer Volkskunst. Man beachte auch den alten Bestand an seltenen Nadelgehölzen.
Besonders alte und wertvolle Bäume in der Ortslage wurden in die Kreisliste der Naturdenkmale aufgenommen. So wird dazu beigetragen, das Dorfbild in seiner landschaftlichen Schönheit zu erhalten.

Das Darß-Museum Prerow

Dieses 1953 gegründete Museum ist Landschaftsmuseum für Fischland, Darß und Zingst. Die geologische Abteilung informiert über die nacheiszeitliche Entwicklung der Halbinselkette und der Boddengewässer. Ausgewählte Bodenfunde vermitteln Kenntnisse über die Entwicklung der ur- und frühgeschichtlichen Besiedlung. In der botanischen Abteilung fügen sich zahlreiche Frischpflanzen und Farbdiapositive zu einer Erläuterung der großen Vegetationskarte des Darß, die unter Mitarbeit von Prof. Dr. Franz Fukarek, Greifswald, entstand. Anhand vorzüglicher Präparate kann man sich auch über die Insektenwelt der Dünen und des Strandes und im besonderen über die Großschmetterlingsfauna des Darß informieren.
Die Fischereiabteilung zeigt vor allem volkskundlich interessante Forschungsergebnisse über alte Fangplätze der ehem. Wadenfischer. Modelle neuerer Fanggeräte und sehr gute Fotos sowie eine Karte der gegenwärtigen Fischereigenossenschaften geben Einblicke in diesen wichtigen Erwerbszweig. Im Mittelpunkt der Ausstellung steht die Geschichte der Darßer Segelschiffahrt. Viele Zeugnisse der Volkskultur, wie liebevoll gebastelte Flaschenschiffe, Schiffsbilder, Schiffsmodelle und Schnitzereien, und die wichtigsten Navigationsgeräte, Schiffsjournale, Navigationsbücher, alte Seefahrtsbücher und Rettungsmedaillen des Seenotrettungsdienstes wurden dem Museum von alten Fahrensleuten übergeben. „Mitbringsel" aus allen Erdteilen lockern diese vielbeachtete Schau auf. Auch die benutzten Werkzeuge der Schiffszimmerleute und der Segelmacher gehören zu den Sammlungen des Museums, ebenso Relikte von Schiffsstrandungen an diesem gefährdeten Küstenabschnitt der Ostsee. Neu gestaltet wurden die Abteilungen Landwirtschaft, Forstwirtschaft und Ornithologie.
Farbige Diapositive vermitteln ein lebendiges Bild der Bauformen der Bauern-, Fischer- und Schifferhäuser mit ihren eigenartigen Gestaltungselementen und Schmuckmotiven. Die alte Lehmbauweise und die Technik des Rohrdachdeckens werden als Beispiele der maritimen Volksarchitektur erläutert.
In die Ausstellung eingegliedert wurden auch eine Darßer Küche und ein Seemannszimmer.
Die sorgsam gepflegte Ausstellung des Museums beruht auf einer nicht geringen Unterstützung durch die Bevölkerung, die sich „ihrem" Museum zuliebe von manchen volkskundlich wertvollen Stücken an Hausrat, Handwerkszeug, Trachten, Bildern und ähnlichem trennte. Gegenwärtig zählt das Museum bis zu 75 000 Jahresbesucher.

Wanderungen

Zum Leuchtturm am Weststrand

a) Auf dem Leuchtturmweg (5,0 km)
Markierung: waagerechter roter Strich

Von der Einmündung des Leuchtturmweges in den Bernsteinweg nach Westen in den Wald. Die Route verläuft durch eine krähenbeerenreiche Forstgesellschaft von Stieleichen, Birken und Kiefern. In der Kurve zwischen g- und h-Gestell muß eine deutliche Erhebung im Gelände bewältigt werden. Man durchquert hier einen echten Dünenkiefernwald und sieht den deutlichen Abfall des Dünenzuges, eines sog. „Reffs", zu einer tiefen Senke, einer sog. „Riege". Fast das ganze Jahr hindurch führen einige Stellen dieser Riege noch offenes Wasser. Weithin leuchtet das Wollgras, das sich auf den Bülten des moorigen Geländes angesiedelt hat. Anzutreffen ist an diesen torfmoosreichen Standorten am häufigsten das Schmalblättrige Wollgras, etwas seltener das Scheidige Wollgras. Hochmooranflüge dieser oder ähnlicher Art sind auf dem nördlichen Darß auch an anderen Stellen zu finden. Man erkennt sie unschwer schon aus einiger Entfernung an den typischen Wollgräsern. Wegbegleiter des Leuchtturmweges sind reiche Vorkommen an Heidelbeeren (Blaubeeren). Etwas seltener ist die Preiselbeere und kaum erwähnenswert die Moosbeere. Besonders anziehend wirkt dieser Wanderweg zur Zeit der

Heideblüte. Der 35 m hohe Leuchtturm ist eine der ältesten noch in Funktion verbliebenen Leuchtfeueranlagen an der Küste der DDR (techn. Denkmal). Eine zusätzliche technische Anlage ist das Nebelhorn, das sich einschaltet, wenn die Sicht auf See sich so verschlechtert, daß eine sichere Navigation nicht mehr gewährleistet ist.

b) Auf der Betonpiste zum Leuchtturm (6,5 km)

Südlich vom Campingplatz auf der schmalen Betonpiste zum Leuchtturm entlang eines Wintergrün-Kiefernwaldes. Wintergrüngewächse (unter Naturschutz) sind immergrüne, zu den Halbsträuchern zählende kleine Stauden. Auf dem Darß sind noch anzutreffen das Moosauge, das Birngrün, das Grünblütige Wintergrün und das Kleine Wintergrün. Eine besondere Zierde bilden im Hochsommer die den Waldsaum belebenden Waldplatterbsen mit ihren gelblichgrünen, rot überlaufenen Blüten. Erwähnt sei noch der Europäische Siebenstern, der hier und auch in anderen Abteilungen des Waldes anzutreffen ist. Die weißsternigen, sehr zarten Pflanzen blühen von Mai bis Juli und sind nicht so leicht zu übersehen. Am Ende der Betonpiste beginnt linkerhand ein Weg durch einen Erlenbruch. Dem sich hier fortsetzenden ehem. Wanderpfad haben Betonschwellen Stabilität verliehen. Beim Auftreffen auf das k-Gestell wandert man südlich bis zum Leuchtturmweg und auf ihm (vgl. unter a) etwa 2 km zum Leuchtturm.

Prerow, Campingplatz

Zum Weststrand (4,5 km)

a) Prerow – Mittelweg – Weststrand
Markierung: zwei senkrechte rote Striche

Von der Übersichtstafel (gute Orientierung) an der Einmündung der Hülsenstraße in den Mittelweg, diesen entlang. Neben wenigen Altwaldbeständen wird dieser Wanderweg vorwiegend von Schonungen mittleren und jüngeren Alters begleitet. In diesem Gebiet hatten 1967/68 schwere Orkane ausgedehnte Verwüstungen verursacht. Hier wie auch in anderen schwer betroffenen Abteilungen des Waldes haben die Forstarbeiter umfangreiche Sanierungsarbeiten geleistet und Neuanpflanzungen vorgenommen. In den lichten älteren Forstbeständen ist die Heidelbeere verbreitet. Botanisch Interessierten mag es glücken, in den weit abseits des Weges verlaufenden Riegen den seltenen Königsfarn oder den Sumpfporst zu entdecken, beide geschützt. Stellenweise zeigt die Landschaft heideartigen Charakter. Zerstreut verbreitet ist der Wacholder. Seine Beerenzapfen sind im ersten Jahr blaugrün, im zweiten Jahr reifend werden sie schwarz und zeigen eine blaue Bereifung. Kenner sammeln sie für Würzzwecke; in der Getränkeindustrie dienen sie der Herstellung von Gin, dem bekannten Wacholdertrinkbranntwein.
An der Kreuzung des Mittelweges mit dem k-Gestell laden Bänke zur Rast ein. Auf dem Mittelweg kann dann die Wanderung geradeaus in Richtung Weststrand fortgesetzt werden. Das k-Gestell zeigt als Markierung zwei rote Punkte: In nördlicher Richtung ist der Campingplatz erreichbar.
Wer auf dem k-Gestell nach Norden wandert, kann unterschiedliche Erlenbruchgemeinschaften kennenlernen. Der Erlensumpf nimmt auch in der Nähe des Süder- und Norder-Bramhakensees sowie des Theerbrennersees noch bedeutende Flä-

N
OST-
SEE
Dünenhaus
NSG
Ahrenshooper
Holz
Dorf-
straße
Schifferberg
Koppel-
weg
Kur-
haus
Kurhaus-
café
Am
Schifferberg
Ostseebad
Ahrenshoop
Kunst-
katen
Strand-
weg
Strandhalle
Seezeichen
Kirchners-
gang
Kurverwaltung
Am
Strom
Feld-
weg
Café
Seeblick
Grenz-
weg
Dorf-
Althagen
Hohes
Ufer
ca. 1:12 500

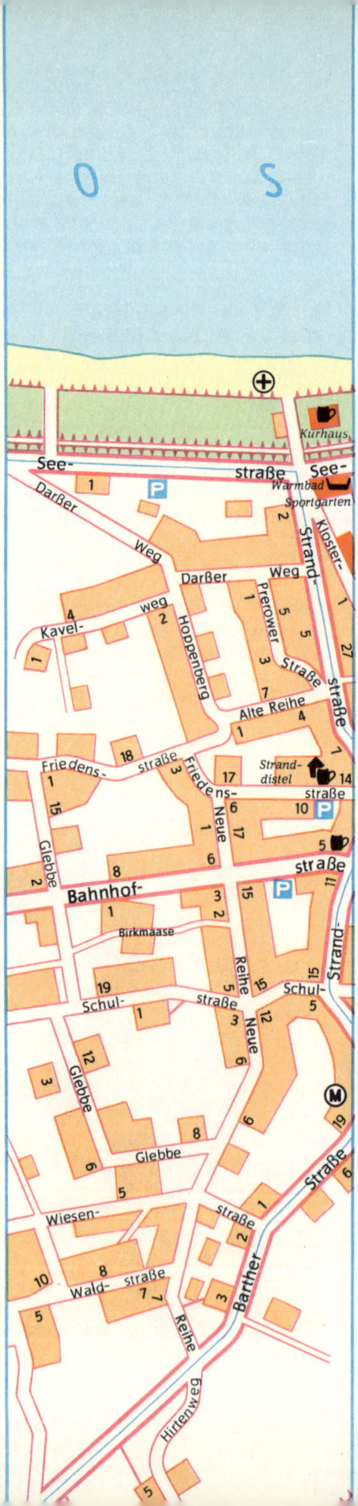
O
S
Kurhaus
See-
straße
See-
Warmbad
Sportgarten
Darßer
Weg
Darßer
Weg
Strand-
straße
Kloster-
Kavel-
weg
Hoppenberg
Prerower
Straße
Alte Reihe
Friedens-
straße
Friedens-
straße
Strand-
distel
Neue
Glebbe
Bahnhof-
straße
Birkmaase
Reihe
Strand-
Schul-
straße
Schul-
Neue
Glebbe
Glebbe
Straße
Wiesen-
straße
Wald-
straße
Barther
Reihe
Hirtenweg

T S E E
Dünenwäldchen
Ostseebad Zingst
See-straße
Birken-straße
Müggenburger Weg
Haus am Meer
Hägerende
LSG
Sportplatz
Rosen-
Gartenweg
Rämel
Dünen-straße
Schwedengang
Schwedeng.
Kirch-weg
Kirchstraße
Kurzer W.
Grüner Weg
A 79
Kurverwaltung
Nehmzows Gang
Störtebeker
Störtebecker-straße
Heidel-bgr. Faß
Fischmarkt
F.-Reuter-S.
Zum Anker
Nord-licht
Bibliothek
K.-Marx-Pl.
Linden-straße
Börling straße
Boddenhörn
Hafenstraße
Fritz-Reuter-Str.
Strandstr.
Meinsgang
Hafen-straße
Friedenseiche
Jordan-straße
Zum Strom
Werftstraße
Mühlens.
Mühlenstr.
Stromstraße
Schiffs-anlegestelle
Lieb-knecht-str.
Kehrwieder
Martha-Müller-Grählert-weg
Goethepl.
Am Ende
Koppelstr.
Weidenweg
Weidenstr.
Weiden-straße
Heide-weg
Reitsportplatz
Reitstall
berg
ZINGSTER STROM
Kleine Kirr
NSG
De Bek
Große Kirr
ca. 1:10 000

Darß-Weststrand, am FKK-Strand

chen ein. Kennzeichnend sind hohe, bultbildende Seggen. Auf den Seggen-Bülten wachsen einige Sumpfpflanzen, wie Sumpffarn, Gilbweiderich, Wolfstrapp, Bittersüßer Nachtschatten u. a. Das Grundwasser steht das ganze Jahr hindurch über der Bodenoberfläche. Daher haben hier auch typische Wasserpflanzen einen geeigneten Lebensraum, am häufigsten die Wasserfeder.
Im Nassen Erlenbruch tritt das Grundwasser nur vom Herbst bis zum Frühjahr zutage. Hier bietet vor allem die Sumpfschwertlilie zur Blütezeit ein schönes Fotomotiv, und die Krautschicht ist bereits viel reicher besiedelt als im Erlensumpf. Trokkene Erlenbrüche, in denen das Grundwasser nicht mehr über die Oberfläche des Bodens tritt, zeigen außerordentliche Vorkommen von Brennesseln.
Die noch offenen Wasserflächen der Binnenseen an der Westküste des Darß, besonders die des Süder-Bramhaken- und des Norder-Bramhakensees, sind von Seerosengemeinschaften besiedelt. Charakterpflanzen sind hier die Weiße Seerose, die Mummel, Froschbiß und Laichkraut. Die Krebsschere ist nur im Süder-Bramhaken festgestellt worden. Diese Seen unterliegen einer starken Verlandung, so daß die Seerosengemeinschaften immer mehr von Röhrichten bedrängt werden. Ihre künftige Entwicklung ist nicht sicher vorauszusehen, da während der Winterstürme 1982/83 von See her Salzwassereinbrüche erfolgten.

b) Prerow – Neu-Langseer Weg – Weststrand (5,7 km)

Markierung: zwei waagerechte rote Striche

Vom Zentralen Ausbildungslager der GST „Egon Schultz" am Ende der Langen Straße in westlicher Richtung. Im Wiesengelände rechts hat sich neben einzelnen Einfamilienhäusern eine ausgedehnte Sommerhauskolonie entwickelt. Der beginnende Wald zeigt noch Spuren der Orkanverwüstungen von 1967/68. Nicht so schwer betroffen war ein alter Lärchenbestand, den man unmittelbar nach dem g-Gestell erreicht. Seinen Namen erhielt der Neu-Langseer Weg wahrscheinlich wegen der Nähe des ehem. Langen Sees in der Abteilung 154. Der durch eine leichte Schotterdecke befestigte Wanderweg ist trocken und bei allen Witterungsbedingungen gut passierbar. An der Kreuzung mit dem k-Gestell lädt ein rohrgedeckter Pilz zur Rast ein. Von hier kann man den Weststrand anhand der bisherigen Markierung direkt erreichen. Bei einer anschließenden Strandwanderung wird man die früher weithin bekannten „Windflüchter" von Esper Ort vermissen. Diese Bäume, die auf dem ungeschützten Steilufer die typische Windschur erhalten hatten, sind während der letzten Jahrzehnte der See zum Opfer gefallen. Dennoch bleibt eine Wanderung an der sich dynamisch verändernden Westküste, deren Urwüchsigkeit bisher durch Küstenschutzmaßnahmen nur wenig eingeschränkt wurde, wohl immer ein unvergeßliches Erlebnis.

Nach Ahrenshoop (12,0 km)

Markierung: rotes Kreuz

Vom Ende der Langen Straße fast diagonal über Peters Kreuz (am g-Gestell) und Drei Eichen. Die Straße führt durch sehr schöne Altdarßstrecken. Der breite, sehr bequeme Fahrweg, Küsterweg genannt, wird auch Radwanderern empfohlen.
Am Beginn kann man auch fast parallel zur ersten Route bis zum g-Gestell gelangen (Markierung: roter Punkt). Obwohl etwa 2 km länger, führt diese empfehlenswerte Teilwanderung durch ruhige und geschützte Waldungen. Ab Drei Eichen kann der Linienbus benutzt werden.
Wer eine Badepause einlegen möchte, kann zwischen Drei Eichen und dem Müllerweg alle vom m-Gestell links abzweigenden großen Abteilungsschneisen als Strandzugang benutzen.

Ostseebad Zingst

Zingst (3350 Einw., Krs. Ribnitz-Damgarten) ist der größte Ort der Halbinsel Fischland-Darß-Zingst. Seit 1959 gehören zu ihm auch die auf dem Ostzingst liegenden ehemals selbständigen Gemeinden Müggenburg, Sundische Wiese und Pramort.
Wie Prerow ist auch Zingst in seiner ganzen Anlage der Landschaft angepaßt, wobei die Weiträumigkeit nicht so sehr ins Auge fällt. Auch hier folgen die markanten Straßenzüge „Reffen" und „Riegen", die den Ort in Nord-Süd-Richtung einst durchzogen.
Der FDGB-Feriendienst ist Hauptträger des Erholungswesens im Ort. Während der Wintermonate werden die zentralen Einrichtungen für prophylaktische Kuren genutzt. – Zu jeder Jahreszeit wird ein reichhaltiges kulturelles und sportliches Programm geboten. Dazu tragen auch Zingster Volkskunstkollektive bei, wie die Kabarettgruppe „Darßer Disteln" und die Kinderakkordeongruppe, sowie die Betriebsfestspiele des VEG Zingst und die Sektion Pferdesport, die verschiedene Möglichkeiten der Pferdesporttouristik bietet.
Neben dem Erholungswesen wurden mit der Gründung des VEG Zingst 1964 weitere Arbeitsmöglichkeiten geschaffen. Über Jahrhunderte hatte man versucht, auf dem wenig ertragreichen Schwemmsandboden mit den oft widrigen Grundwasserverhältnissen eine Existenzgrundlage zu finden. Das VEG begann mit modernster Technik zu meliorieren, Boddendeiche zu sanieren, Schöpfwerke zu bauen, Wirtschaftswege anzulegen sowie Tausende von Bombentrichtern zu verfüllen. Große Ödlandflächen wurden unter den Pflug genommen und zu ertragreichen Graslandschaften. Der Betrieb vergrößerte ständig seinen Einzugsbereich. Wurde ursprünglich auf die industriemäßige Futterproduktion orientiert, so wurde 1974 mit dem Bau von modernen Großställen, wie z. B. in Müggenburg, auch die Rinderaufzucht entwickelt. Den Ort Zingst hat der neue Betrieb wesentlich geprägt. Am Ortsrand wurden eine große Zentralwerkstatt und ein Verwaltungsgebäude errichtet. Für die vorwiegend in Zingst wohnenden Beschäftigten entstanden moderne Wohnblocks und Eigenheime, die Errichtung kommunaler Einrichtungen wurde maßgeblich unterstützt.
Am Hauptübergang zwischen Düne und

Zingst, im Hafen

Deich liegt das 1948 eröffnete Kurhaus, das im Sommer kulturelle Unterhaltung bietet. In seiner Nähe befindet sich das 1899 erbaute Seewasserwarmbad. Nur ein paar Schritte weiter sehen wir eine Station des Seenotrettungsdienstes. Dieser „Rettungsschuppen", 1873 erbaut, beherbergt einen modernen Raketenapparat. Weiter landeinwärts erreichen wir am Ende der Strandstraße ein schön rekonstruiertes Fachwerkhaus, in dem einst ein Kapitän wohnte. Hier zog 1987 das *Heimatmuseum* ein (das ehem. Heimathaus war baufällig geworden). Im Museum erhält man einen interessanten Einblick in die Geschichte des einst bedeutenden Seefahrerortes und wird auch mit der Zingster Heimatdichterin Martha Müller-Grählert (1876–1939) bekanntgemacht. Sie schuf das weithin bekannte Lied „Wo de Ostseewellen trecken an den Strand". Sie verbrachte in Zingst ihre glückliche Kindheit, später jedoch weniger freudvolle Jahre des Alters. Ihr Grab befindet sich auf dem Zingster Friedhof.

Hier auf dem mit uralten Eiben bestandenen Friedhof finden wir auch ein würdig gestaltetes Seemannsgrab, das von den Gefahren der Seefahrt kündet. Ein sehenswertes Kulturdenkmal ist auch die Kirche, ein turmloser Backsteinbau, der nach einem Entwurf des Schinkelschülers F. A. Stüler 1862 vollendet wurde. Sehenswert ist auch manch schönes Bauern-, Seemanns- oder Kapitänshaus, die teilweise in ihrer Ursprünglichkeit erhalten sind. Es sind eingeschossige Fachwerk- oder Backsteintraufenhäuser mit Krüppelwalmdach. Besonders seien erwähnt: Kapitänshäuser: Strandstr. 7 und 13, Lindenstr. 10, Glebbe 4, Hängerende 4, Neue Reihe 5. – Seemannshäuser: Prerower Str. 4, Müggenburger Weg 4. – Bauernhaus: Jordanstr. 18 (interessant das vorgewalmte Dach mit Uhlenflucht). – Büdnerei: Dünenstr. 9.

Jahrhundertelang haben Sturmhochwasser dem Zingst mit seinen Ortschaften immer wieder schwere Landverluste und Schaden zugefügt. Flutmarken von 1872 und 1874 an dem HO-Technik-Geschäft in der Strandstraße lassen dies ahnen. Jetzt sichert ein vierfacher Gürtel von teils natürlichen, teils wohlüberlegt geschaffenen und ständig sorgsam unterhaltenen Schutzanlagen (Buhnen, Dünen, Schutzwaldstreifen, Deiche) das Hinterland zuverlässig. 5 Übergänge führen im Ort zu dem steinfreien Strand, den Rettungsschwimmer in der Saison sichern. Außerhalb der Ortslage sind längere Strandabschnitte der Freikörperkultur vorbehalten.

Seinen Namen erhielt Zingst von dem schmalen Landstrich zwischen dem Prerowstrom und dem großen Werder. Der einstige Inselcharakter ging mit der Schließung des Prerowstromes nach dem Sturmhochwasser von 1872 verloren. Zingst wird von Zeno (= Heu) abgeleitet. Vermutlich haben ursprünglich slawische Siedler aus der Umgebung von Barth das Gebiet zwischen Freesenbruch und Osterwald beweidet. Der Beginn einer Ansiedlung ist nicht genau feststellbar; sie scheint auf ein Gestüt „Rotes Haus" zurückzugehen, bei dem nach Osten der Ort Hanshagen, nach Westen der Ort Pahlen entstand. Beide entwikkelten sich über Jahrhunderte nebeneinander und erscheinen erstmals 1819 als Ort Zingst vereinigt. Die schwedische Landvermessung von 1696 – von 1648 bis 1815 gehörte der Darß-Zingst zu Schweden – gibt wertvolle Hinweise über die Entwicklung dieser beiden Bauern- und Kossätendörfer (Kossäte – Katenbesitzer). Neben Ackerbau, Viehzucht und Fischerei haben sich die Einwohner schon mit der Verschiffung von Getreide, Fischen und Holz beschäftigt. Weiter wird von kleinen, offenen Schuten mit 2–3 Lasten (4–6 t) Tragfähigkeit berichtet, mit denen man sich sogar auf die „salzige See" bis nach Dänemark wagte. Aus der „Bauernschiffahrt" entwickelte sich eine rege Handelstätigkeit, der Schiffsbestand vergrößerte sich. Auf eigenen Werften wurden im 19. Jahrhundert 76 seegehende Schiffe gebaut. Um 1880 wohnten etwa 80 Kapitäne in Zingst. Wohlstand und Reichtum brachte die Blütezeit der Segelschiffahrt in den Ort. Doch mit ihrem Niedergang in den achtziger Jahren des 19. Jahrhunderts nahmen die Erwerbsmöglichkeiten rapide ab, der Wohlstand schwand. Viele Seeleute wanderten ab. Die sozialökonomische Lage besserte sich erst wieder, als mit der Gründung eines „Bade-Comités" 1881 der organisierte Badebetrieb und damit der Fremdenverkehr begann. Mit der Verbesserung der Verkehrsbedingungen, u. a. durch den Bau der Eisenbahnlinie Barth–Prerow einschließlich der Meiningenbrücke im Jahre 1910, stieg die Zahl der Sommergäste stetig. Besonders stark entwickelte sich der Urlauberverkehr jedoch nach 1945; 1983 übertraf er mit fast 60 000 Erholungsuchenden den höchsten Vorkriegsstand um mehr als das Sechsfache. Dazu hat vor allem der Bau von mehreren FDGB-Heimen und Verpflegungsstätten beigetragen („Klaus Störtebeker", „Nordlicht", „Stranddistel").

Meiningenbrücke

Wanderungen

Zum Osterwald (6,0 km)

Auf dem Müggenburger Weg oder der Seestraße kommt man vorbei am Maritimen Observatorium, einer Lehr- und Forschungseinrichtung der Karl-Marx-Universität Leipzig. Die Forschungsarbeiten konzentrieren sich auf die ufernahe Zone des Meeres und die Boddengewässer. Man kann aber auch neben der Betonstraße den Norddeich links benutzen, der seit seiner völligen Erneuerung und Erhöhung 1971/72 einen festen Gehsteig erhielt. Rechts breitet sich ein Naturdenkmal aus, das mit seltenen Pflanzen und Sträuchern bewachsen ist. Darin liegt der immer mehr verlandende Wasserlauf „Alte Straminke" (kleiner Bachriß), ein Seegatt, das bis zur Eindeichung 1874 den Bodden mit der Ostsee verband, jedoch oft vom Meer zugeschlagen und bei Sturmfluten vom Bodden her wieder aufgerissen wurde. Auf der Höhe der Pussik lag der Ort Straminke. 1625 wurden hier bei schwerer Sturmflut fünf Bauernhäuser fortgerissen. Zwei kleine Anwesen, die Försterei, in der die Heidereiter wohnten, und ein Waldarbeiterhaus, wurden 1872 ein Opfer der Wellen. Auch der Osterwald weist die für den Darß und Zingst charakteristischen Merkmale des von West nach Ost gewachsenen steinfreien Schwemmlandes auf. Riegen und Reffe verlaufen von Nord nach Süd, kenntlich an ihrem Bewuchs: in den Senken die typische Pflanzengemeinschaft des Erlenbruchs, auf den trockenen Reffen Stieleiche und Buche. Je nach Jahreszeit und Standort findet man Rohrkolben, Salomonssiegel, Wasserschwertlilie, Königs- und Adlerfarn, auch Salweide und Pfaffenhütchen. Nach etwa 4 km beginnt ein Plattenweg, der beiderseits mit altehrwürdigen Buchen bestanden ist. Die hier als beliebtes Wanderziel bekannte jahrhundertealte „Jägerbuche" verlor bei dem Unwetter im August 1979 eine ihrer gewaltigen Astgabeln. Der Plattenweg verbindet Müggenburg mit dem Strand.

Auf dem alten Deich nach Müggenburg und zurück (10,0 km)

Östlich von Zingst biegt die Betonstraße zwischen dem Kindererholungsheim „Zingsthof" und dem Urlauberdorf Ost nach Müggenburg ab. Hinter dem links an einer leichten Straßenbiegung liegenden Gehöft beginnt der alte Damm, der Müggenburg einst vor Überflutungen schützte. Von Rohr, Bäumen und Buschwerk bewachsen, verläuft er kaum auffällig zwischen zwei Wassergräben. Ein Fußpfad führt an Äckern und Weiden entlang zum Müggenburger Wald auf den Plattenweg nach Müggenburg. Seine wenigen Wohnhäuser liegen entlang einem breiten, jetzt zuwachsenden Torfgraben, auf dem früher Barther und Zingster Bürger ihren im Brandmoor gestochenen Torf zum Bodden transportierten und dort verschifften. Hier an der Ablage, der Einmündung des Torfgrabens in den Zingster Strom, blicken wir hinüber zu den Inseln Großer Kirr und Oie (NSG). Sie werden von Jungrinderherden beweidet und in der Brutzeit der Vögel vom Meeresmuseum Stralsund betreut und sind dann mit Vogelwärtern besetzt. Auf einer Karte von 1618 ist der Große Kirr unter dem Namen „Kietz" verzeichnet, was soviel wie Fischersiedlung bedeutet. Der Kleine Kirr ist Standort eines Ferien- und Ausbildungslagers des Kombinats Seeverkehr und Hafenwirtschaft Rostock. Auf der festen Straße nach Zingst zurück.

Zum Osterwald, zur Kleinen Wiek und zurück (18,0 km)

Wie bei der vorigen Wanderung nach Müggenburg. Auf der festen Straße nach Süden. Nach etwa 6 km ist ein schmuckloses Pumpenhaus erreicht, das auf einem Damm in Richtung Bodden steht. Hier begann die Grenze zwischen dem Barther und Stralsunder Besitz, gesichert durch einen Grenzgraben und sechs bzw. sieben Grenzsteine, die alle den Dreistrahl, das Stralsunder Wappen tragen. Anschließend führt ein gepflasteter Damm zur Kleinen Wiek (niederdeutsch Bucht). Hier zwischen Salzhaken und Kavelhaken tut sich die Weite der reizvollen Boddengewässer auf. Im Wasser stehen die Reusen der FPG Barth. Hier begegnet man auch Schwänen, Fischreihern und Wildenten. In der Ferne ist die Marienkirche in Barth zu sehen, die alte Landmarke für die Seefahrer. Von dort kamen früher während der Saison Ausflugsdampfer zur Landestelle. Von hier kann man quer durch den Osterwald zum Badestrand wandern und dann am Strand entlang nach Zingst zurückkehren.

Durch das Freesenbruch zum Prerowstrom und zurück (10,0 km)

Von der Waldstraße zunächst durch den alten Ortsteil Pahlen, vorbei an kleinen Büdnereien und früheren bäuerlichen Anwesen mit abgewalmten Ziegel- und Rohrdächern. Man überquert den ehem. Bahndamm und gelangt über den 1975/76 erhöhten Binnendeich auf einen reizvollen, teilweise mit Platten belegten Waldweg durch das Freesenbruch, ein charakteristisches mooriges Waldgebiet mit interessanter Vogelwelt, zu der Bitumenstraße, die 1977 als Umgehungsstraße gebaut wurde. Auf dieser Straße wandert man in Richtung Ostsee bis zu einer leichten Krümmung, dann rechts abbiegend auf dem teilweise von Ebereschen eingefaßten Köpplingweg zurück nach Zingst.

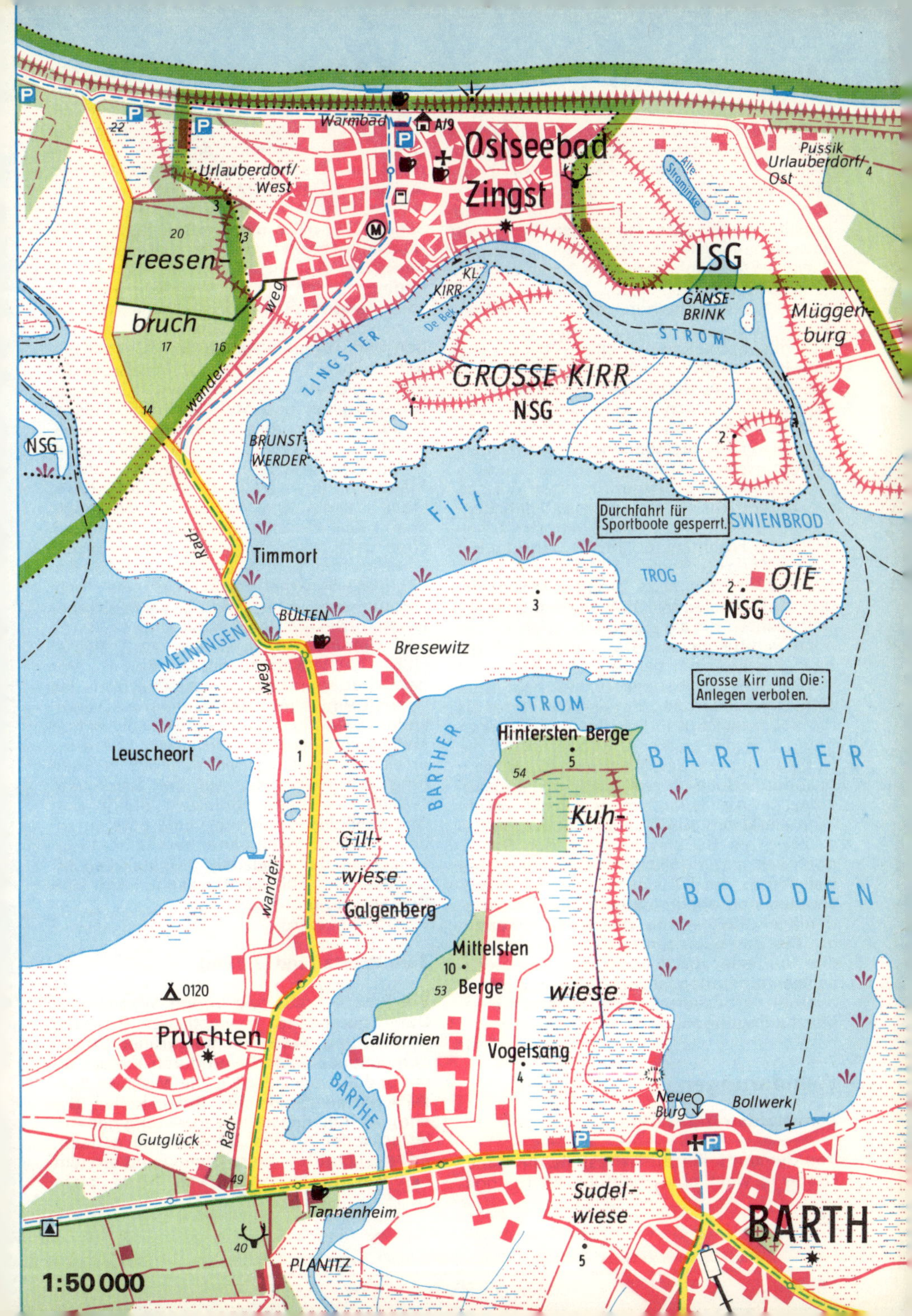
Warmbad
A/9
Ostseebad
Zingst
Urlauberdorf/
West
Pussik
Urlauberdorf/
Ost
Alte Straminke
Freesen-
bruch
wander-
weg
LSG
KL. KIRR
De Bek
GÄNSE-
BRINK
Müggen-
burg
ZINGSTER
STROM
GROSSE KIRR
NSG
NSG
BRUNST-
WERDER
Fitt
Durchfahrt für
Sportboote gesperrt.
SWIENBROD
TROG
OIE
NSG
Rad-
Timmort
BÜLTEN
MEININGEN
Bresewitz
Grosse Kirr und Oie:
Anlegen verboten.
STROM
BARTHER
Hintersten Berge
BARTHER
BODDEN
Leuscheort
weg
Gill-
wiese
Kuh-
wiese
Galgenberg
wander-
Mittelsten
Berge
0120
Pruchten
Californien
Vogelsang
BARTHE
Neue
Burg
Bollwerk
Gutglück
Rad-
Sudel-
wiese
Tannenheim
BARTH
PLANITZ
1:50 000

Wieck a. Darß

Der Ferienort (775 Einw.; Krs. Ribnitz-Damgarten) am Bodstedter Bodden beherbergt jährlich 18000 Feriengäste. Sein Campingplatz hat eine Tageskapazität von 1400 Personen. Überall begegnet man gut instand gehaltenen Häusern. Einige der alten Fachwerkgiebelhäuser und der eingeschossigen Fachwerktraufenhäuser mit Krüppelwalmrohrdächern stehen als Beispiele der maritimen Volksarchitektur unter Denkmalschutz. Der „Alte Krug", früher Schulzensitz mit Schankgerechtigkeit, beherbergt eine HO-Gaststätte.

Die ersten ausführlichen Angaben über Wieck finden sich in den Schwedischen Matrikelkarten von Vorpommern und Rügen (1692/96): Kleinbauern, die im Nebenerwerb etwas Fischfang betreiben, und einige Eigner von selbstgezimmerten Wasserfahrzeugen für Holzfrachten auf den Boddengewässern. 1725 besaß der Ort schon 27 kleine Frachtsegler. Im 19. Jahrhundert waren Wiecker Seeleute gleich den anderen Darßern auf allen Weltmeeren zu finden. Auf Wiecker Werften wurden Schuten und Jachten für die kleine Frachtfahrt, aber auch Schiffe bis zur Größe einer Bark gebaut. Zur Blütezeit der Segelschiffahrt war Wieck das wohlhabendste Dorf auf dem Darß. Ihr Niedergang traf den Ort härter als die anderen Darßdörfer. Die rapide Verarmung und die starke Abwanderung in die Hafenstädte an der Nordsee zeigten sich besonders deutlich am Verfall der Bausubstanz. – Als Urlaubsort entdeckt wurde Wieck erst um 1935. Seine eigentliche Bedeutung als Badeort erlangte der Ort jedoch erst nach 1950, als er Urlauber des Reisebüros der DDR aufnahm. Später entstanden Betriebsferienheime und Kinderferienlager. 1976 wurde Wieck FDGB-Ferienort. Der Bau einer zentralen Wasserleitung, die Kaufhalle, das Eiscafé, die Gemeindeschwesternstation sowie die Gemeindebibliothek verbesserten entscheidend die Lebensbedingungen.

Wanderungen

Zum Nordstrand (7,5 km)

Von der zentralen Bushaltestelle die Sandstraße in westlicher Richtung an freundlichen Anwesen vorbei zum Rande des Darßwaldes. Auf einem hier beginnenden schnurgeraden bequemen Waldweg (H-Gestell; Markierung: waagerechter grüner Strich), der auch von Radfahrern gern benutzt wird, bis Peters Kreuz. Hier biegt man auf dem g-Gestell (Markierung: roter senkrechter Strich) nach Norden ab. Hinter dem Jagen 128, nahe der Großen Buchhorster Maase, beginnt der tiefer liegende Neudarß. Das Auf und Nieder im Neudarß ist bedingt durch die in West-Ost-Richtung verlaufenden ehem. Strandwälle mit den dazwischenliegenden Senken. In den Gräben und Tümpeln neben dem Gestell blühen alljährlich von Mai bis Juli blaßrosa Primelgewächse (Wasserfeder). Zwischen Neu-Langseer und Mittelweg führt das g-Gestell durch eine Erlen-Eschen-Gesellschaft mit Weißdorn, Pfaffenhütchen, Schneeball, Hasel, Nelkenwurz, Echtem Mädesüß, Einbeere und Ähriger Teufelskralle. Vielblütige Weißwurz, Maiglöckchen, Zweiblättrige Schattenblume, Veilchen und reiche Vorkommen an Buschwindröschen sind Wegbegleiter. Als Flächennaturdenkmal geschützt ist eine Gruppe sehr alter, knorrig verwachsener Buchen. Bekannt geworden sind sie durch ein Gemälde des Malers Paul Flickel (1852–1903; Nationalgalerie Berlin). Vor dem Nordstrand passiert man nördlich des Leuchtturmweges flechtenreiche Dünenkiefernwaldungen. Als natürlicher Anflug stellen sie eine Besonderheit dar. – Prerow erreicht man längs des Strandes in Richtung Warmbad oder auf der Betonpiste südlich des Campingplatzes, die in den Bernsteinweg einmündet. Eine gute Orientierungsmöglichkeit bietet bereits der Wegweiser an der Kreuzung g-Gestell/Leuchtturmweg. – Für die Rückkehr wird eine Busfahrt empfohlen.

Zum Weststrand (7,0 km)

Bis Peters Kreuz wie vorige Wanderung. Dann geradeaus in westlicher Richtung (Markierung: waagerechter grüner Strich) den schönen Altdarßweg durch Kiefernforste und abwechslungsreiche Mischwaldgesellschaften (Stieleiche, Birke, Kiefer, Buche). Auffallend ist die Verbreitung des Adlerfarns, der auf dem Darß optimal gedeiht. Er bevorzugt feuchtere Stellen und erreicht eine Durchschnittshöhe von 1,5 m, nicht

Wieck, Campingplatz

selten auch 2 m. Gelegentlich sind Riesenexemplare von 3–4 m Höhe beobachtet worden, allerdings nur im Stieleichen-Moorbirken-Wald. Auf den trockensten Standorten ist die Krähenbeere häufig. Am Großen Stern, dem Schnittpunkt vieler Wanderwege, laden Bänke unter einem rohrgedeckten Pilz zur Rast ein. Auf dem Mecklenburger Weg weiterwandernd, kann man nach Erreichen des I-Gestells der bisherigen Markierung folgen und durch das Gebiet des Steinreff-Fächers dann zum Weststrand gelangen. (Wer mit dem Bus zurückfahren möchte, folgt von hier der linken Abzweigung nach Süden [Markierung: waagerechter schwarzer Strich] zur Bushaltestelle Drei Eichen.)
Der Weg führt bald in ein flaches Niederungsgebiet, das bereits zum Vordarß rechnet. Ausgedehnte Waldungen, in denen Stieleiche und Moorbirke vorherrschen, sind ein besonderes Charakteristikum dieser Wegstrecke. Alle rechts abzweigenden Wege führen zum Badestrand des Westdarß.

Weitere Wanderungen

Wieck – Sadelpuhl (grüner Punkt; 3,0 km); Ellenbogen-Wanderweg (zwei grüne Punkte; 2,5 km); Wieck – Born (alter Postweg) (drei grüne Punkte; 4,0 km)

Auch entlang dieser Wege herrscht fast überall der Adlerfarn vor. In der Nähe des Sadelpuhl ist die alte Buchengruppe als Naturdenkmal geschützt, in der Abteilung 114 nördlich von Wieck eine Stechpalmengruppe. Die Stechpalme, auch „Hülsen" genannt, bevorzugt feuchte Waldungen und kann 10 m Höhe erreichen. Mit ihren scharlachroten Früchten bildet sie eine Zierde des Winterwaldes. Als mächtiger Baumklimmer zeigt der Efeu, begünstigt durch die hohe Luftfeuchtigkeit, ein erstaunliches Wachstum. Feuchte Standorte liebt auch das Geißblatt („Jelängerjelieber"). Es entwickelt sich auf dem Darß üppig und rankt bis hoch in die Baumkronen.

Born a. Darß

Der Ferienort (1300 Einw.; Krs. Ribnitz-Damgarten), an der Südküste des Darß am Saaler Bodden bzw. Koppelstrom und in unmittelbarer Waldnähe, beherbergt jährlich 40 000 Feriengäste. Der Campingplatz besitzt eine Tageskapazität von 3900 Personen. Die vor den Seewinden geschützte Lage und das angenehm milde Klima tragen dazu bei, daß Born gern aufgesucht wird. Kleine Badestellen befinden sich an ruhigen, von Schilfröhricht und Simsen gesäumten Stellen des Boddenufers. Der Ostseebadestrand liegt am Westdarß nahe Drei Eichen (Bushaltestelle, Parkplatz). Von der sog. Ablage aus erfolgen Motorschiffsfahrten auf den Boddengewässern.

Der Ort gilt als eines der schönsten Darßdörfer. Man beachte die architektonischen Besonderheiten und Schmuckelemente der maritimen Volksbauweise. Einige der denkmalwürdigen Bauten wurden bereits unter Schutz gestellt. Die Holzkirche wurde 1934/35 von Darßer Handwerkern erbaut (Stülpschalung, Tonnengewölbe und Rohrdach). – Born ist Sitz der Oberförsterei (1770, unter Denkmalschutz) und der Staatlichen Jagdwirtschaft. An der Stelle der Oberförsterei stand ursprünglich ein Jagdhaus der Pommernherzöge. Von hier aus wurde das gesamte Waldgebiet des Darß (5000 ha) verwaltet. Als nach der schwedischen Lehnsherrschaft der Darß 1815 an Preußen gefallen war, wurde die Forstverwaltung zu einem Machtfaktor der herrschenden Klasse, so daß die sog. „Separation und Regulierung" nach der Aufhebung der Leibeigenschaft bis etwa 1870 schleppend gehandhabt wurde und nicht zugunsten der Bevölkerung verlief. Für die landwirtschaftliche Entwicklung brachte das eine Stagnation. Heute ist durch das VEG die Anzahl der in der Landwirtschaft Beschäftigten wieder erheblich angestiegen. Nicht gering ist auch die Zahl der Arbeitsplätze in anderen örtlichen Betrieben, die ihr Wachstum den sozialistischen Produktionsverhältnissen verdanken. Im Nachklang traditioneller Bindungen arbeiten viele Borner auswärts in seeverbundenen Berufen.

Bis zum Ende des 17. Jahrhunderts war Born ein Bauern- und Fischerdorf; aber bereits im 18. Jahrhundert hatte sich eine eigenständige Schiffahrt entwickelt. Während der Blütezeit der Segelschiffahrt im 19. Jahrhundert wuchs der Anteil der Seefahrer sehr rasch, ebenso die Zahl der Beschäftigten in den Zubringerberufen der Seefahrt. Die mit dieser Entwicklung verbundene Bevölkerungszunahme führte zu einer erheblichen räumlichen Ausdehnung des Ortes. Die von der Seefahrt geprägte neue sozialökonomische Grundlage war auch bestimmend für viele Elemente der seemännischen Volkskultur.

Vor 1945 hatte der Ort nur wenig Anteil am Bäderverkehr. Der Aufschwung nach 1945 ist dem Kulturbund der DDR zu verdanken. Einen maßgeblichen Anteil an der raschen Steigerung der Besucherzahlen hatte die Einrichtung des großen Campingplatzes. In den FDGB-Feriendienst wurde Born 1976 einbezogen.

Wanderungen

Forstkundlicher Naturlehrpfad: Born – Linder Weg – Gr. Stern – Ibenhorst (6,5 km)

Der gut beschilderte Lehrpfad verläuft von Born bis zum Gr. Stern parallel zum Linder Weg (Markierung: waagerechter schwarzer Strich, ab Gr. Stern zwei schwarze Punkte). Er führt durch das späteiszeitliche, im wesentlichen von Kiefernforsten bestandene Heidesandgebiet des Altdarß. – Rückkehr ist ab Ibenhorst (JH) mit dem Bus möglich. Zu Fuß oder mit dem Rad biegt man bereits nördlich von Ibenhorst ab und erreicht Born nach etwa 3 km auf der Wanderroute, die vom Küstenweg abzweigt. (Markierung: zwei waagerechte schwarze Striche).

Born – Peters Kreuz – Campingplatz Prerow (7,5 km)

Markierung: roter senkrechter Strich

Von der Revierförsterei Born auf dem g-Gestell schnurgerade nach Norden. Die Kreuzung „Großmutter" verdankt ihren Namen einer alten urwüchsigen Buche. Auffallend an diesem schönen Wanderweg sind die reichen Besenginsterbestände, die besonders bei Peters Kreuz die Waldränder säumen. Die lichten Kiefernforste sind für Pilzsammler lohnend (nächste Pilzberatungsstelle: Darß-Museum Prerow). In über 80 Jahre alten Kiefernforsten wird Harz gewonnen.

Born, beim „Tonnenfest"

Ab Peters Kreuz s. Wand. von Wieck zum Nordstrand. Das letzte Wegstück im Dünenkiefernwald ist sehr sandig und bei anhaltender Trockenheit von Radfahrern schwer zu überwinden.

Zum Weststrand und zurück (10–11 km)

a) Linder Weg – Gr. Stern – Mecklenburger Weg – Steinreff

Der Linder Weg ist als forstkundlicher Naturlehrpfad beschildert. Ab Gr. Stern ist der Mecklenburger Weg durch einen grünen Strich auf weißem Grund markiert. Beschreibung ab Gr. Stern s. Wanderungen von Wieck aus.

b) Großmutter – Gr. Stern – Müllerweg

Von der Gst. „Waldschenke" den Weg rechts (Markierung: schwarzer Punkt). Vorsicht beim Überqueren der Borner Umgehungsstraße! Sowie man auf die Wanderroute (Markierung: grüner waagerechter Strich) trifft, links einbiegen zum Gr. Stern (rohrgedeckter Pilz, Rastmöglichkeit). Weiter in nördlicher Richtung (Markierung: zwei schwarze Punkte). Dabei kreuzt man das von urwüchsigen Buchen bestandene, als Flächennaturdenkmal geschützte Altdarßkliff. Entlang dem k-Gestell erreicht man den Müllerweg, der durch abwechslungsreichen Mischwald zum Weststrand führt. Die Buchengruppen in den Abteilungen 111 und 120 sowie die Wacholdergruppe in der Abteilung 121 bieten als Naturdenkmäler schöne Fotomotive.

c) Campingplatz Born – Ibenhorst – Drei Eichen – Rehberge

Vom Campingplatz Born führt eine für Kraftfahrzeuge zugelassene Betonpiste durch ein Gebiet moderner Grünlandwirtschaft zur Bäderstraße. Die alten Flurnamen „Rosenspeck" und „Undegenspeck" deuten darauf hin, wie mühsam früher hier die landwirtschaftliche Nutzung gewesen sein mag. „Speckunge" oder „Speckinge" nannte man im Mittelalter Wege auf weichem, morastigem Wiesenuntergrund; sie wurden mit Reisigholz, Grabenaushub und Sand befestigt. In der Nähe von Ibenhorst (JH) muß die stark befahrene Bäderstraße überquert werden. Auf dem k-Gestell geht es nordwärts bis zum Wanderweg Born – Drei Eichen (Markierung: zwei waagerechte schwarze Striche), in den man links einbiegt. Von Drei Eichen gelangt man auf dem m-Gestell zum C-Gestell (Strandwegweiser). Nördlich des C-Gestells beginnt der Rehberg-Fächer, der vor mindestens 3500 Jahren bereits ausgebildet war, in den letzten Jahrhunderten aber erhebliche Verluste durch Küstenrückgang erlitten hat. Der 1956/58 erbaute Deich reicht von den Rehbergen bis zum Schifferberg und schützt den Vordarß in einem Bereich, der bis dahin häufig von Sturmhochwassern heimgesucht wurde. Als Zugänge zum Badestrand sind mehrere gekennzeichnete Wanderwege freigegeben, die zwischen Drei Eichen und dem Müllerweg vom m-Gestell links abzweigen.

d) Campingplatz Born – Schifferberg Ahrenshoop – Hohes Ufer

Alle durch das Wiesengelände führenden Betonpisten können von Fußgängern und Radfahrern benutzt werden. In Richtung Ahrenshoop erreicht man eines der jüngsten Neulandgebiete (Grünlandwirtschaft). 1971/72 legte das VEG Zingst die nördlichsten Zipfel des Saaler Boddens trocken und deichte sie ein. Vom Schifferberg bietet sich ein lohnender Rundblick über die Boddenlandschaft. Interessant sind in Ahrenshoop auch das NSG „Ahrenshooper Holz", ein Stieleichen-Moorbirken-Wald mit einem reichen Stechpalmenbestand, und das Flächennaturdenkmal „Hohes Ufer". Vgl. auch „Ahrenshoop".

Barth

Barth (12 400 Einw.; Krs. Ribnitz-Damgarten) am Barther Bodden, das „Tor zum Zingst und Darß", ist Endpunkt der Eisenbahnlinie und Beginn der Bäderstraße. Zahlreiche Durchreisende und Urlauber besuchen alljährlich diese Kleinstadt.

Westlich vom Markt steht die dreischiffige gotische *St.-Marien-Kirche* mit 87 m hohem Turm. Sie ist zwischen 1325 und 1400 in drei Bauabschnitten erbaut worden. Die ständige Ausstellung im Turmgebäude zeigt ein Exemplar der 1588 in Barth gedruckten niederdeutschen Bibel. Weiter westlich kommt man zum *Dammtor,* dem einzigen erhaltenen Tor von ehemals 4 Stadttoren. Es ist 35 m hoch und gehört zu den Wehrbauten der Stadt aus dem 14. Jahrhundert. Nach Süden abbiegend, gelangt man auf eine der Stadtpromenaden, an deren Endpunkt eine Pergola zum Ausruhen einlädt. Die Ernst-Thälmann-Straße, eine Hauptstraße, überquerend, beschreiten wir die nächste Promenade. Parallel zu ihr verlief die Stadtmauer (1392), von der nur der *Fangelturm,* ein wehrhafter Bau aus dem 16. Jahrhundert, erhalten geblieben ist. Auf seinem Dach erhebt sich heute eine Kuppel mit einer astronomischen Station. Den Wall weiter verfolgend, gelangt man zum Platz der Freiheit mit dem *Denkmal zu Ehren der Helden der Sowjetunion.* Der Platz gibt auch die Sicht frei zum Hafen der Stadt und zum Bodden, an dessen Ufer der VEB Fischverarbeitung seinen Sitz hat. Den historischen Stadtkern haben wir damit umrundet. Von hier in südlicher Richtung kommen wir über den Marktplatz in die Haupt- und Geschäftsstraße mit ihren Einkaufsstätten und zum Teil noch alten Bürgerhäusern. Dem aufmerksamen Betrachter fallen aber auch die nach Schinkelschem Vorbild errichteten Straßenlaternen auf. Die Hauptstraße führt über die Eisenbahngleise hinweg zu den Stadtanlagen (mit Freilichtbühne im Talkessel). Unmittelbar hinter der neuen Südstadt liegt die *Mahn- und Gedenkstätte für die Opfer des Faschismus,* eine schlichte, eindrucksvolle Anlage. An einer fast 20 m langen roh gestalteten Betonmauer sind vom Bildhauer Prof. Jo Jastram vier Bronzereliefs gestaltet worden: Sinnbilder für Folter, Solidarität, Illegalität und Befreiung. – Ferner sei auch auf die engen Gassen, den

Speicher (18. Jh.) in der Badstüberstraße sowie das Rathaus (1927) als markante bauliche Zeugen der Stadtgeschichte hingewiesen.

Aus der Stadtgeschichte

Im letzten Viertel des 12. oder am Anfang des 13. Jahrhunderts wird Barth als Burgflecken oder Dorf gegründet worden sein. Bereits vor der Erwähnung als Stadt unterzeichneten die Rügenfürsten in „castro nostro bart" (unsere Burg Barth) Urkunden. 1255 verlieh der Rügenfürst Jaromar II. den Barthern das lübische Recht und verkaufte ihnen das Stadtgebiet.
1325 traten die Pommernherzöge die Erbfolge im Gebiet der Rügenfürsten an. Das gesamte Binnengewässer von Barhöft bis Ribnitz gelangte als Schenkung in den Besitz der Stadt. Leider verhinderte jedoch ihre abseitige Lage, alle damit gewonnenen Möglichkeiten auszunutzen. Aber auch die Entscheidung des Rates, „keine anderen Schiffe zu bauen, als hier gebraucht würden", trug dazu bei, daß Barth zu dieser Zeit keine See- und Hafenstadt wurde und auch nicht der Hanse angehörte. Im 14./15. Jahrhundert litt Barth unter den Fehden und Machtkämpfen zwischen den feudalen Herrscherhäusern, die eine weitere wirtschaftliche Entwicklung verhinderten. Seuchen, Brände und Sturm wirkten außerdem entwicklungshemmend. Um 1560 bzw. 1562 vernichteten Großfeuer 22 bzw. 170 Häuser, 1349, 1404, 1597/98 und 1620 wütete die Pest und forderte viele Opfer. Das verderblichste Hochwasser trat 1625 auf. Nach zeitgenössischen Berichten stand das Wasser in den niedriggelegenen Wiesen anderthalb Mann hoch. 11 Personen und 149 Stück Vieh ertranken.
Für die kleine Stadt war es schon etwas Bedeutsames, daß bereits 1582 eine Buchdruckerei (Bardi Pommeranie offizina Prinzips) eingerichtet wurde, in der 1588 mit besonderer Sorgfalt die Barther Bibel in niederdeutscher Schriftsprache gedruckt wurde. Für die Stadt begannen 1627 die Schrecken des Dreißigjährigen Krieges mit der Besetzung durch kaiserliche Truppen. Wenn es auch keine kriegerischen Handlungen in Barth gegeben hat, brachten die sich ständig ablösenden Besetzungen durch die verschiedensten Truppen große Not. Nach dem Friedensschluß von Münster und Osnabrück standen die Barther praktisch vor einem Nichts. Handel und Wirtschaft lagen darnieder, es gab nur noch 143 bewohnte Häuser mit 189 Einwohnern.
Besserung der wirtschaftlichen Lage trat erst ein, als der Rat 1727 den Bau auch größerer Schiffe in Barth erlaubte. 1728 wurde das erste seegehende Segelschiff in Dienst gestellt (36 last = 72 t), damit begann die Stadt in größerem Umfange an dem Seehandel teilzunehmen. 1795 zählte sie fast 2500 Einwohner. Ursache für diesen Bevölkerungszuwachs war der Kornhandel mit den nordischen Ländern, der Schiffbau mit den daran beteiligten vielen Gewerken und die Schiffahrt mit dem seemännischen Personal. In der Blütezeit der Segelschiffahrt fuhren bis zu 170 Schiffe mit einer Besatzung von 1271 Mann unter den Flaggen von 18 Barther Reedereien auf allen Weltmeeren. Jedoch mit dem Aufkommen der Dampfschiffahrt Ende des 19. Jahrhunderts verloren die Segler ihren Wert, und das flache Boddengewässer gestattete nicht den Bau von Dampfschiffen. Mit dem Abstieg wurden die Werften bis auf eine (noch heute bestehende) stillgelegt, und viele Seeleute verließen ihre Heimatstadt.
Nach dem Niedergang der Segelschiffahrt entwickelte sich Barth, das seit 1815 mit dem ehem. Herzogtum Pommern zu Preußen gehörte, zu einer Industriestadt. An größeren Betrieben entstanden eine Eisengießerei und Maschinenfarbik, Zuckerfabrik, Fischkonservenfabrik, Lederfabrik, Jutespinnerei und Möbelfabrik bis zur Jahrhundertwende. Das Proletariat nahm Einfluß auf die Geschicke der Stadt. Gewerkschaften bildeten sich, und 1899 wurde ein Arbeiterbildungsverein gegründet. 1906 entstand eine Parteigruppe der SPD und 1921 die Ortsgruppe der KPD. Der Einfluß der Arbeiterklasse nahm ständig zu, und bei den Gutsbesitzern und Kapitalisten wurde Barth als „rote Stadt" bekannt. Die machtvollen Kämpfe der deutschen Arbeiterklasse im Revolutionsjahr 1918 und die Abwehr des Kapp-Putsches 1920 sahen auch die Genossen aus Barth an der Spitze. Bewaffnet verteidigten sie 1920 die junge Republik in der Stadt und den umliegenden Gutsdörfern. Die Vorbereitung auf den zweiten Weltkrieg begann auch in Barth mit dem Bau von Kasernen, Flugplatz und Soldatensiedlungen. 1943 entstand hier ein KZ-Außenlager für die Rüstungsindustrie

(Heinckel- und Bachmann-Flugzeugwerke, Pommersche Industriewerke), in dem rund 6000 Arbeitssklaven ausgebeutet wurden. Den etwa 2000 ermordeten und unter den unmenschlichen Haft- und Arbeitsbedingungen gestorbenen Opfern der faschistischen Diktatur aus 18 Ländern Europas wurde auf dem Gelände des ehem. Konzentrationslagers 1965 eine repräsentative Mahn- und Gedenkstätte geweiht.
Nach der Niederschlagung des Faschismus 1945 zog neues Leben in die alte Stadt ein, und die grundlegende gesellschaftliche Veränderung machte den Weg frei für die erfolgreiche politische, ökonomische und geistig-kulturelle Entwicklung. Die Lebensverhältnisse verbesserten sich durch das Wohnungsbauprogramm mit Neubauten in Barth-Süd und Rekonstruktionen im Stadtkern sowie dem Eigenheimbau spürbar.

Wanderungen

Zum Divitzer Park und zurück (10,0 km)

Markierung: Hinweisschilder

Von der neu erbauten Südstadt in Höhe der Schule auf einem Wanderweg oder wenn man die Ausfallstraße nach Löbnitz am Agrarflugplatz vorbei rechts abbiegend in Richtung Divitz verläßt zum Divitzer Park, der als Naherholungsgebiet des Gemeindeverbandes Barth erschlossen wurde. Eine Fasanerie und das sich im Aufbau befindliche Tiergehege mit heimischen Tieren und Bergziegen locken zum Besuch an. Am westlichen Rand der Parkanlage fließt die Barthe vorbei, ein stilles Gewässer, das manchen Angler anzieht. Auf einem der beiden Wege zurück.

Nach Fuhlendorf und Bodstedt und zurück (16,0 km)

In westlicher Richtung auf der Bäderstraße überqueren wir nach 2 km die Barthe. Wenige Schritte danach beginnt der Barther Stadtwald. Die Straße weiter westlich wandernd, überqueren wir die Eisenbahnstrecke und kommen 3 km weiter an eine Wegkreuzung. Geradeaus führt ein Waldweg über die „Drei Katen" nach Fuhlendorf, den beiderseits die unter Naturschutz stehenden Wacholderbüsche säumen. Der Fuhlendorfer Wald ist sehr ergiebig für Beeren- und Pilzsammler. Am Ende des Waldes ist man in Fuhlendorf (vgl. Kap. „Fuhlendorf ..."). Die Club-Gaststätte lädt zur Erfrischung ein. Die Dorfstraße weiter gelangt man dann unmerklich nach Bodstedt. Ausgangs des Dorfes biegt man rechts ab und kommt auf dieser Straße wieder über Tannenheim nach Barth; man kann aber auch mit dem Bus zurückfahren.

Zu den Vogelsängen und zurück (8,0 km)

Hinter dem Dammtor biegt man bei der Dorfstellenstraße rechts ab und erreicht den Borgwall, wo im Mittelalter die „neue" slawische Burg stand. Aus den Überresten des Walles entstand der Boddendeich, an dem man rechter Hand den Barther Bodden, belebt von Sportbooten, erblickt. Hier entstand ein Trainingszentrum für den Segelsport für Schüler der Barther Schulen. Ein Ruderbootverleih macht Fahrten auf dem Bodden möglich. Man findet reichlich Gelegenheit zur Beobachtung von Wasservögeln (Wildenten, Wildgänse, Schwäne, Reiher und weiter draußen auf dem Wasser Kormorane). Am Horizont erkennt man die Häuser von Zingst und Müggenburg. Ein Pfad an der Nordspitze der Vogelsänge führt westlich durch einen Kiefernwald und bald in südlicher Richtung weiter zu den Mittelsten Bergen, wo am 1. Mai 1985 an der Stelle eines Kriegsgefangenenlagers von sowjetischen und US-amerikanischen Kriegsveteranen und deutschen Antifaschisten der Grundstein für einen Ehrenhain gelegt wurde.
Zwischen beiden Waldstücken wird jeweils zur Blütezeit ein gelbes „Ginstermeer" sichtbar. Den Ausblick auf den Breitling, die Mündung der Barthe, und auf den ausgedehnten Ginsterbestand nimmt der Wanderer als charakteristisch für diese Landschaft zwischen Bodden und Barther Strom mit. Auf der Bäderstraße zurück nach Barth.

Pruchten

mit Bresewitz

Pruchten und sein Ortsteil Bresewitz (650 Einw.; Krs. Ribnitz-Damgarten), bis vor wenigen Jahren kaum bekannt, entwickelten sich binnen kurzem zu einem wichtigen Urlauberzentrum an der Boddenküste (jährlich 23 000 Feriengäste). Ihre Anziehungskraft verdanken sie nicht zuletzt der Lage auf der schmalen Landzunge zwischen Barther Strom und Bodstedter Bodden. Neue Deiche (1968/72) schützen die sehr niedrige, früher oft den Sturmhochwassern ausgesetzten landwirtschaftlichen Nutzflächen. In Pruchten wird der Badestrand laufend erhöht. Seit 1961 besteht in seiner Nähe ein Campingplatz. 1974 übernahm der FDGB-Feriendienst, Objekt Darß, Bettenkapazität, so daß sich die Betreuung der Urlauber entscheidend verbesserte. Eine Kinohalle bietet Platz für 350 Personen. Es ist eine Sporthalle mit Kegelbahn entstanden. Pruchten und Bresewitz besitzen je einen Kulturraum für Kleinveranstaltungen. Für das leibliche Wohl sorgen gute Gaststätten.

Die historische Entwicklung vollzog sich im wesentlichen ähnlich wie in den Dörfern auf dem Darß und Zingst. In einer urkundli-

Fuhlendorf-Bodstedt, Zeesenboot-Regatta

chen Erwähnung sicherte bereits 1278 der slawische Landesherr gegenüber den Barther Stadtbürgern seinen slawischen Untertanen das Recht auf die Nutzung der Heuwiesen. 1696 zeigte die schwedische Matrikelaufnahme, daß der Haupterwerbszweig die Fischerei war und daß eine bescheiden betriebene Landwirtschaft nur geringen Ertrag brachte. Im 19. Jahrhundert hatte die Segelschiffahrt einen beachtlichen Anteil am Erwerbsleben. Nach ihrem Niedergang war für einige Jahrzehnte noch die kleine Küstenschifferei von Bedeutung. Die Fischer haben sich der FPG Barth angeschlossen. Viele Einwohner sind in Barther Industriebetrieben und in der Landwirtschaft beschäftigt.

Fuhlendorf

mit Bodstedt, Gutglück und Michaelsdorf

Fuhlendorf (900 Einw.; Krs. Ribnitz-Damgarten) am Redensee, einer Bucht des Bodstedter Boddens, und sein Ortsteil Bodstedt am Südufer des Bodstedter Boddens haben sich in jüngster Zeit zu einem bedeutenden Urlauberzentrum entwickelt. Der FDGB-Feriendienst, Objekt Darß, hat hier Bettenkapazität übernommen. Anteil an dieser Entwicklung haben auch die Ortsteile Michaelsdorf und Gutglück, die sich durch ihre landschaftliche Lage auszeichnen. Jährlich werden hier insgesamt 36 000 Feriengäste beherbergt. Der Campingplatz in Bodstedt hat eine Tageskapazität von 800 Personen. Michaelsdorf auf der Landzunge zwischen Saaler Bodden, Koppelstrom und Redensee bietet Ausblicke auf den Darß und den Zingst sowie die ornithologisch interessanten Neuendorfer und Borner Bülten. Gutglück liegt in unmittelbarer Nähe des ausgedehnten Barther Stadtholzes, das sich südlich der Boddendörfer bis an den Stadtrand von Barth erstreckt. Der Reichtum an Wasser und Wald verleiht der Landschaft einen hohen Erholungswert. Betriebsheime und Kinderferienlager sowie ein Campingplatz sind entstanden. An den Flachküsten wurde für aufgespülte Badestrände gesorgt. Auch die Angler kommen auf ihre Kosten. Bodstedt hat einen kleinen Fischereihafen und eine Schiffsanlegestelle. Am ersten Sonnabend im September wird hier die traditionelle Zeesenbootregatta gestartet, die einmalig in den Küstengewässern ist. Da das „Zeesen", eine altertümliche Schleppnetzfischerei, nicht mehr ausgeübt wird, zeigt sich ein Trend des Umbaus zu Sportbooten. Die Fischer sind Mitglieder der FPG Barth. Fuhlendorf ist Sitz einer Revierförsterei. Die landwirtschaftlichen Nutzflächen obliegen der Betreuung durch die LPG. Hier wurden umfangreiche Meliorations- und Eindeichungsarbeiten geleistet.

Fuhlendorf wurde 1278 erstmals urkundlich erwähnt, die spätgotische Kirche zu Bodstedt 1388 (unter Denkmalschutz). An der Kirche weist eine Flutmarke auf das Sturmhochwasser 1872 hin. Die historische Entwicklung verlief ähnlich wie in den Dörfern auf dem Darß und Zingst. Die Bodstedter mußten während des Feudalismus als Leibeigene auf dem Ackerwerk „Viehhof" bei Barth Hofdienste leisten.

Fuhlendorf hatte im Schwedisch-Brandenburgischen Krieg 1675/79 erheblich gelitten. Pastor Danckwardt rettete während der französischen Besetzung 1807 Bodstedt vor der Vernichtung durch ein Strafkommando. Im 19. Jahrhundert hatten die Dörfer einen beachtlichen Anteil an der Entwicklung der Segelschiffahrt. Auf mehreren kleinen Werften, so in Fuhlendorf und Michaelsdorf, wurden Schiffe gebaut. Nach dem Niedergang der Segelschiffahrt blieb noch einige Jahrzehnte die kleine Küstenschiffahrt von Bedeutung. Bis zum Bau der Meiningenbrücke 1910 bestand zwischen Bodstedt und dem Darß eine sehr alte traditionsreiche Fährverbindung. Fuhlendorf ist der Geburtsort des von den Faschisten 1932 ermordeten Lehrers Karl Krull.

Ribnitz-Damgarten

Die Doppelstadt liegt am Ribnitzer See, dem Ausläufer des Saaler Boddens, des letzten Gliedes der Boddenreihe, die die Halbinsel Fischland-Darß-Zingst im Süden umschließt. Sie ist 1950 durch die Vereinigung der alten Städte Ribnitz und Damgarten entstanden und wurde 1952 zur Kreisstadt erhoben (heute 17 800 Einw.).
Ribnitz-Damgarten entwickelte sich seitdem zu einem beachtlichen politischen, wirtschaftlichen und kulturellen Zentrum im Ostseeküstengebiet.
Besonders ausgeprägt ist die Konsumgüterproduktion. Hier hat der VEB Möbelkombinat seinen Sitz, dem der VEB Faserplattenwerk als Stammbetrieb (1953 gegründet, 2000 Beschäftigte) sowie der VEB Wohnraummöbel und der VEB Ribnitzer Polstermöbel angehören. Die Erzeugnisse des VEB Ostsee-Schmuck und des VEB Riled (Ribnitzer Lederwaren) sind weit über die Grenzen der DDR bekannt. Die Stadt erlangt auch zunehmend Bedeutung für das Erholungswesen.
Vom Bodden her hat man einen besonders reizvollen Blick auf den Stadtteil Ribnitz: im Vordergrund der Seglerhafen und die neuen Grünanlagen am Boddenufer, dahinter die Häuser, die die Stadtkirche überragt. Links ist der Stadtteil Damgarten zu erkennen. Hier mündet die Recknitz in den Bodden. Rechts hingegen liegt das Neubaugebiet (3000 Wohnungen) und das mächtige Faserplattenwerk, das auch dem Besucher, der sich von Rostock auf der F 105 oder auf der „Bäderstraße" vom Fischland her nähert, zuerst auffällt. Daneben befindet sich der VEB Ostsee-Schmuck. Dieser 1948 gegründete Betrieb ist der größte Schmuckhersteller der DDR. In seiner Bernsteinabteilung wird das „Gold des Nordens" vor allem zu Körper- und Raumschmuck verarbeitet.
Das „neue" Ribnitz verbindet die H.-Burmeister-Straße mit dem alten Ribnitzer Stadtkern. Das prächtige spätgotische *Rostocker Tor,* erbaut 1430 und 1983 restauriert, ist das einzige erhalten gebliebene der 5 mittelalterlichen Stadttore. Das unter Denkmalschutz stehende Tor gilt als eines der schönsten Stadttore im Norden der DDR.
Trotz mehrerer Stadtbrände (1759 wurden 300 Häuser ein Raub der Flammen) ist das

Ribnitz-Damgarten, Rostocker Tor

regelmäßige gitterförmige Straßennetz, das bei der Stadtgründung vor 750 Jahren angelegt wurde, noch heute genau zu erkennen. Neben dem auffallend großen Marktplatz, dem Karl-Marx-Platz, erhebt sich die Stadtkirche, die in den letzten Jahren restauriert wurde und einen kupfernen Helm erhielt. 1834 wurde an der Ostseite des Marktplatzes das heutige Rathaus errichtet.
Am Eingang weist eine *Gedenktafel* auf die Befreiung der Stadt am 1. Mai 1945 hin. An diesem Tag entwaffnete die Ribnitzer Bevölkerung den „Volkssturm" und verhinderte so die Erschießung von Häftlingen des KZ-Außenlagers Barth, die vor der heranrückenden sowjetischen Armee von den Faschisten durch die Stadt getrieben wurden.
Im unter Denkmalschutz stehenden ehemaligen *St.-Klaren-Kloster* befindet sich auch das *Bernsteinmuseum,* ein Spezialmuseum, in dem Entstehung, Gewinnung und

Ribnitz-Damgarten, im Bernsteinmuseum

Verarbeitung des Bernsteins dargestellt wird. Sehenswert ist auch die Grabstätte des bekannten mecklenburgischen „Volksprofessors" Richard Wossidlo (1859–1939), der vor allem durch die Sammlung mecklenburgischer Volksüberlieferungen (Märchen, Sagen, Schwänke, Rätsel usw.) bekannt geworden ist. Auf dem Ribnitzer Friedhof ist auch das Grab von Hans Burmeister, dem Begründer und Vorsitzenden der KPD-Ortsgruppe, der 1934 von den Faschisten umgebracht wurde. An der Klosterwiese steht das 1965 von W. Löber geschaffene *Ehrenmal für die Opfer des Faschismus.* Im „Damengarten" des Klosters wurde auf einem Teil des früheren Stadtwalles die herrliche Freilichtbühne angelegt. – Ribnitz und Damgarten sind durch eine etwa 1 km breite eiszeitliche Schmelzwasserrinne getrennt, in der sich die Recknitz entlangschlängelt. Die Recknitz war bis 1945 die Landesgrenze zwischen Mecklenburg und Vorpommern. Unmittelbar an der Recknitzbrücke liegt das *ehem. Zollhaus,* an dem eine Wasserstandsmarke an das Hochwasser von 1872 erinnert. An dieser Brücke kämpften 1809 die Schillschen Husaren gegen französische und Rheinbundtruppen. Schill fiel wenige Tage später im Straßenkampf in Stralsund. Nördlich des jetzigen Hafenbeckens lag die bekannte Dierlingsche Werft. Hier haben mehrere Generationen Schiffbaumeister von 1764 bis zum Niedergang der Segelschiffahrt um 1880 über 120 hölzerne Segelschiffe (100–400 Tonnen) gebaut. Neben dem Damgartener Rathaus, das jetzt einige Abteilungen des Rates der Stadt sowie die Stadtbibliothek beherbergt, steht in der Schillstraße ein restauriertes Fachwerkhaus aus der Zeit um 1700 (1695 wütete ein verheerender Stadtbrand in Damgarten); auch in der Ernst-Thälmann-Straße befindet sich ein unter Denkmalschutz stehendes Fachwerkhaus mit einer Inschrift. In der Rudolf-Breitscheid-Straße sind noch Teile einer 1913 stillgelegten Glashütte zu sehen. Die Damgartener Glashüttenarbeiter waren die ersten organisierten Arbeiter der heutigen Stadt.

Im Stadtteil Damgarten haben mehrere Betriebe ihren Sitz: VEB Riled, VEB Kraftverkehr Ostseetrans, Agrochemisches Zentrum, verschiedene PGHs sowie Dienstleistungseinrichtungen. Besonders in der Herderstraße entstanden zahlreiche neue Wohnblocks.

Aus der Stadtgeschichte

Ribnitz und Damgarten sind im Zuge der deutschen Ostexpansion im 13. Jahrhundert an der Recknitz entstanden. Nahe der Recknitzmündung überquerte ein im Mittelalter wichtiger Handelsweg die sumpfige Flußniederung. Zu seiner Sicherung ließen die mecklenburgischen Fürsten um 1200 eine Burg errichten, in deren Schutz bald eine kleine Siedlung entstand; 1210 wird Ribnitz erstmals urkundlich erwähnt und erhielt um 1233 Stadtrecht. 1258 verlieh der Rügenfürst Jaromar II. dem Ort „Damechora" das lübische Stadtrecht, wahrscheinlich in der Absicht, hier an dem wichtigen Recknitzübergang eine Grenzfeste gegen Mecklenburg zu errichten.

Beide Städte sind deutsche Gründungen, tragen aber Namen slawischen Ursprungs. In „Rybanitz" oder „Ribenis" ist das Wort „ryba" (= Fisch) enthalten; Ribnitz bedeutet also Fischort. In „Damechora", „Damgur" o. ä. sind die Wörter „dam" (= Eiche) und „gora" (= Berg) enthalten, so daß Damgarten Eichenberg bedeutet.

Die Entwicklung beider Städte verlief recht wechselvoll. Um 1400 zerstörten die mächtigen Hansestädte Rostock und Stralsund

die Verbindungen vom Saaler Bodden zur Ostsee (vgl. „Wustrow"), so ist Ribnitz keine See- und Handelsstadt geworden. Günstig war die Lage an einem Handelsweg, der aber in Kriegszeiten zur Heerstraße wurde, und durch Kriegshandlungen, Truppendurchzüge und Einquartierungen kamen oft Not und Elend über die Bevölkerung. Im Dreißigjährigen Krieg ließ 1630 der schwedische König Gustav Adolf Ribnitz erstürmen. Die schlimmsten Kriegsjahre waren 1637 und 1638. Damgarten, das bei Kriegsende völlig verwüstet war, kam 1648 in schwedischen Besitz. – Aber auch Feuersbrünste, Sturmfluten und Seuchen (Pest) warfen beide Städte immer wieder in ihrer Entwicklung zurück. Den größten Anteil der Einwohner von Ribnitz und Damgarten werden sicher die Handwerker und Ackerbürger gestellt haben. Die Handwerksmeister der einzelnen Berufszweige hatten sich zu Zünften, Ämter genannt, zusammengeschlossen. Diese Verhältnisse haben sich in beiden Städten bis ins 19. Jahrhundert erhalten.
Mit dem Aufblühen der Schiffahrt auf dem Fischland und dem Darß entwickelten sich auch hier Segelschiffswerften. In Damgarten entstand 1764 die Dierlingsche Werft, in Ribnitz bestanden im 19. Jahrhundert sogar zwei Segelschiffswerften. Sie bauten für Fischländer, Darßer und Rostocker Schiffer über 100 Segelschiffe bis zu einer Größe von 300 bis 500 Tonnen. Mit dem Niedergang der Segelschiffahrt im letzten Drittel des 19. Jahrhunderts mußten diese Werften ihren Betrieb einstellen. Sieht man von einer 1854 in Damgarten errichteten Glashütte ab, entstand in beiden Städten keine Industrie. Deshalb wanderten nach 1870 Arbeitskräfte in die großen Städte und Industriegebiete ab, die Bevölkerungszahl sank deutlich. Ribnitz und Damgarten blieben bis weit in unser Jahrhundert typische Kleinstädte, in denen zahlreiche Handwerker, mehrere Fischer und Ackerbürger sowie einige Kaufleute wohnten.
Mit dem sozialistischen Aufbau haben sich, insbesondere in den letzten Jahren, die Arbeits- und Lebensbedingungen der Werktätigen stark gewandelt. Die Stadt hat ihr Antlitz beträchtlich verändert und verschönert. 1983 beging die Stadt die 750-Jahr-Feier von Ribnitz und die 725-Jahr-Feier von Damgarten.

Klockenhagen

Das durch sein agrarhistorisches Freilichtmuseum weithin bekannte Dorf (750 Einw.; Krs. Ribnitz-Damgarten) liegt 5 km westlich der Kreisstadt an der Landstraße nach Graal-Müritz. Vor allem in den Saisonmonaten erfreut es sich eines regen Besuchs.
Im *Freilichtmuseum* wird in einer 7 ha großen parkähnlichen Anlage das dörfliche Leben Alt-Mecklenburgs veranschaulicht. Es werden 10 Gebäude vorgestellt, wie sie für das Gesicht des mecklenburgischen Bauerndorfes jahrhundertelang typisch waren: stattliche Bauernhäuser und Scheunen, bescheidene Tagelöhnerkaten, Backhaus und Spritzenhaus. Das ursprüngliche Hofensemble – ein Bauernhaus von 1690 und eine Scheune von etwa 1800 – hatte 1969 der hochbetagte Bauer Heinrich Peters dem Rat der Stadt Ribnitz-Damgarten zu Ausstellungszwecken übergeben. Durch das Umsetzen von historisch wertvollen Objekten aus anderen Dörfern entwickelte sich das Freilichtmuseum, in dem nunmehr die verschiedenen Formen ländlicher mecklenburgischer Volksbauweise besichtigt werden können. Innerhalb der Gebäude wird die Arbeits- und Lebenswelt der damaligen Bauern- und Tagelöhnerfamilien demonstriert: Möbel und Hausgerät, Küchen mit alten Herden und einfachem Geschirr, Arbeitsgeräte zur Bereitung der Nahrung für Mensch und Tier, Handwerkszeug für die vielfältigen Aufgaben in Haus, Hof und Stall. In der Scheune können zahlreiche alte landwirtschaftliche Produktionsinstrumente betrachtet werden, vom Dreschflegel bis zur Dreschmaschine, von der Sense bis zur Mähmaschine, weiter Haken, Pflüge, Hungerharken und manche andere sinnreiche einfache, aber arbeitsaufwendige Gerätschaften und Maschinen, bei deren Vergleich mit der modernen Agrartechnik der sozialistischen Landwirtschaft die umwälzenden technischen Fortschritte und grundlegenden Veränderungen in den Dörfern der DDR deutlich werden. Dokumentationsräume und wissenschaftlich gestaltete Ausstellungen runden das Bild ab. Erfrischungen bietet eine Selbstbedienungsgastronomie im Haus Strassen. In der Nähe friedlich grasender Schafe kann man auf schattigen Plätzen unter der alten Esche am Teich rasten. Dieses Spezialmuseum wird planmäßig ausgebaut. Es soll künftig

Klockenhagen, Freilichtmuseum

20 Gebäude und weitere Erlebnisbereiche umfassen.
Klockenhagen ist im 13. Jahrhundert im Gefolge der deutschen Ostexpansion entstanden und wurde 1332 erstmalig in einer Urkunde erwähnt. Der Name dürfte auf den Einrichter der neuen Siedlung (Lokator) zurückgehen, der Klook oder Klock (hochdt. Klug, Kluge) hieß, andererseits verweist die Endung „-hagen" auf eine planmäßige Anlage in einem Waldgebiet, ein in dieser Gegend typisches Rodungsdorf, hin. Danach ging Klockenhagen in den Besitz des Ribnitzer St.-Klaren-Nonnenklosters über, für das die Bauern umfangreiche Abgaben und Frondienste leisten mußten. Ihre rechtliche Lage war jedoch zunächst noch erträglich, wie die Umstände des „Klosterbauernaufruhrs" von 1526 bezeugen: Wegen verspäteter Essenausgabe bei verlangten Diensten nahmen die Klockenhäger eine drohende Haltung ein, und es gab einen erregten Disput; bald aber glätteten sich die Wogen wieder. Die Leibeigenschaft erreichte in Mecklenburg erst viel später ihren Höhepunkt, als ein solch selbstbewußtes Auftreten nicht mehr vorstellbar war. Klockenhagen entwickelte sich zu einem Gemeinwesen mit landesüblich begrenztem Wohlstand. Hierzu trugen auch die Dorfhandwerker sowie im 19. Jahrhundert wie in den anderen Orten dieses Küstenbereichs die zahlreichen Seefahrer bei.
Klockenhagen zeichnet sich heute durch eine hochentwickelte Land- und Viehwirtschaft aus. Im VEG Klockenhagen betreuen die Werktätigen vor allem eine große Kälberaufzuchtanlage und Schafe. Beachtlich sind die technischen Anlagen und sozialen Einrichtungen, und nicht zuletzt bestehen gute Ausbildungsplätze für Zoo- und Agrartechniker, Schäfer und Köche. Die große Betriebsgaststätte dient auch der Öffentlichkeit.

Praktische Hinweise

Auskunft/Fremdenverkehrsservice

Ahrenshoop: Kurverwaltung, Kirchnersgang 1, Tel. Wustrow 2 34. – *Barth:* Barth-Information, E.-Thälmann-Str. 51. – *Born:* RdG, Südstr. 5, Tel. 2 07. – *Dierhagen:* D.-Dorf: Kurverwaltung, Kirchstr., Tel. 2 25. – *Fuhlendorf:* RdG, Tel. Barth 44 25. – *Graal-Müritz:* Kurverwaltung, R.-Luxemburg-Str. 11, Tel. 2 24. – *Prerow:* Kurverwaltung, Gemeindepl. 1, Tel. 2 26. – *Pruchten:* RdG, Nr. 121, Tel. Barth 25 12; P.-Bresewitz: Dorfstr. 51, Tel. Barth 27 73. – *Ribnitz-Damgarten:* Ribnitz: Stadtinformation, K.-Marx-Str. 29, Tel. 57 01; Reisebüro, K.-Marx-Str. 86. – *Wieck:* RdG, Bliesenrader Weg 1, Tel. Prerow 2 01. – *Wustrow:* Kurverwaltung, Strandstr. 10, Tel. 2 53. – *Zingst:* Kurverwaltung, Klosterstr. 21, Tel. 2 31.

Post. 2593 *Ahrenshoop:* Dorfstr. 9. – 2380 *Barth:* E.-Thälmann-Str. – 2382 *Born:* Im Moor. – 2591 *Dierhagen:* D.-Dorf, Strandstr.; D.-Strand, Sonder-PA. – 2381 *Fuhlendorf:* Seegang 5; F.-Bodstedt u. F.-Michaelsdorf: im Ort. – 2553 *Graal-Müritz:* E.-Thälmann-Str. 17; K.-Marx-Str. 28. – 2591 *Klockenhagen:* nahe dem Freilichtmuseum. – 2383 *Prerow:* Hafenstr. 8; Campingplatz. – *Pruchten:* Zeltplatzstr.; P.-Bresewitz: Hauptstr. – 2590 *Ribnitz-Damgarten:* Ribnitz: A.-Bebel-Str.; J.-Brinckman-Str. 2; Damgarten: R.-Breitscheid-Str. 86. – 2381 *Wieck:* Kielstr. – 2598 *Wustrow:* E.-Thälmann-Str. 11. – 2385 *Zingst:* K.-Marx-Pl. 3.

Autoservice

Taxi. *Ahrenshoop:* Bauernreihe, Tel. Wustrow 4 17; Feldweg 1, Tel. Wustrow 8 26. – *Barth:* Am Brink 4, Tel. 21 54; Goethestr. 5, Tel. 20 93; Karthäuser Str. 17, Tel. 21 77; Wobbelkow 8, Tel. 29 47. – *Born:* Bäckergang 5, Tel. 2 02. – *Graal-Müritz:* Rostocker Str. 11, Tel. 6 40; Rostocker Str. 9, Tel. 5 40. – *Prerow:* Hafenstr. 15, Tel. 2 88. – *Pruchten:* Nr. 71, Tel. Barth 27 27. – *Ribnitz-Damgarten:* Ribnitz: am Bahnhof, Tel. 24 10 u. 22 16; Str. des Friedens 10, Tel. 28 75; Sanitzer Str. 3, Tel. 22 40; Büttelstr. 22, Tel. 26 69; Damgarten: Goethestr. 25, Tel. 44 00. – *Wustrow:* Parkstr. 6, Tel. 3 62. – *Zingst:* Waldstr. 8, Tel. 2 95; Friedensstr. 3, Tel. 2 89.

Verkehrsübersicht

Kfz-Reparaturwerkstätten. *Ahrenshoop:* A.-Süd. – *Barth:* Uhlenflucht; R.-Breitscheid-Str. 65 u. 111. – *Graal-Müritz:* E.-Thälmann-Str. 50a; Rostocker Str. 11. – *Ribnitz-Damgarten:* Ribnitz: Unterer Hufenweg 1; Nördlicher Rosengarten 18; Parkstr. 3; Damgarten: Grüner Winkel 55a; E.-Thälmann-Str. 43. – *Wustrow:* PGH Technik. – *Zingst:* Neue Reihe 1.

Parkplätze. *Ahrenshoop:* Kurhaus; Kaufhalle; am Sportplatz; u. a. – *Barth:* Marktpl.; R.-Breitscheid-Str.; Fischerstr.; u. a. – *Born:* Waldschenke; Chausseestr.; Gst. Zur Linde; Drei Eichen; Vordarß. – *Dierhagen:* D.-Dorf: Strandstr.; D.-Strand: E.-Moritz-Arndt-Str.; Ahornstr.; D.-Neuhaus: Birkenallee; am Strand. – *Fuhlendorf:* Konsum-Gst.; F.-Bodstedt: Gst. – *Graal-Müritz:* an den Ortsausgängen Richtung Rostock bzw. Ribnitz-Damgarten. – *Klockenhagen:* VEG-Restaurant; Freilichtmuseum. – *Prerow:* Strandstr.; Lange Str.; Bebelstr.; Waldstr./Hülsenstr.; Bernsteinweg; Campingplatz – *Pruchten:* Dorfstr.; P.-Bresewitz: Dorfstr. – *Ribnitz-Damgarten:* Ribnitz: K.-Marx-Pl.; H.-Burmeister-Str.; A.-Bebel-Str.; Damgarten: Schillstr.; E.-Thälmann-Str.; Stralsunder Chaussee. – *Wieck:* Kaufhalle; Campingplatz. – *Wustrow:* Nebelstation. – *Zingst:* Bahnhofstr.; Friedensstr.

Gaststätten

Ahrenshoop: Kurhaus, Kurhaus-Café, Seezeichen, Zur Ostsee; A.-Althagen: Boddenhaus, Seeblick; A.-Neuhagen: Kap der Guten Hoffnung. – *Barth:* Stadt Barth, E.-Thälmann-Str. 60; Seeblick, Hafenstr. 9–12; Zum Franziskaner, Reitergang 67; Erlengrund, L.-Fürnberg-Str. 3; Bahnhofs-Gst.; Sturmecke, Dammstr. 9; Zum Darß, E.-Thälmann-Str. 42; Zur Börse, R.-Breitscheid-Str. 3; Raststätte Tannenheim u. a. – *Born:* Waldschenke, Chausseestr. 73; Zur Linde, Nordstr. 5. – *Dierhagen:* D.-Dorf: Meeresrauschen, Störtebecker, Strandhalle, Café Fischland; D.-Ost: Blinkfeuer, Ostseeklause; D.-Dändorf: Wiesengrund. – *Fuhlendorf:* Club-Gst.; Café Redensee; F.-Bodstedt: Am Bodden. – *Graal-Müritz:* Bahnhofs-Gst.; Broiler-Gst., R.-Luxemburg-Str.; Waldperle, Waldhotel u. Deutsches Haus, E.-Thälmann-Str.; Goldene Kugel, K.-Liebknecht-Str. 31; Seeblick am Strand; Saison-Gst. Zur Düne, K.-Liebknecht-Str.; u. a. – *Klockenhagen:* VEG-Restaurant, Dörpkroog. – *Prerow:* Darßer Leuchtturm, Waldstr. 5; Darßer Wald, Lange Str. 9; Dünenhaus, Hauptübergang zum Strand; Helgoland, Lange Str. 31; Nordstrand, Campingplatz – *Pruchten:* Zum Fährmann, Dorfstr. 22; P.-Bresewitz: Seebrücke, am Anger. – *Ribnitz-Damgarten:* Ribnitz: Zum Bodden, K.-Marx-Str. 54; Broiler-Bar, K.-Marx-Str. 50; Bauernstube, K.-Marx-Str. 26; Sportpalast, A.- Bebel-Str. 42; Stadtkulturhaus; Mitropa-Gst.; Zum Fischland, H.-Burmeister-Str. 31; Damgarten: Bürgerhalle, R.-Breitscheid-Str. 15; Zur Recknitz, Schillerstr. 17; Stadtkrug, E.-Thälmann-Str. 18; u. a. – *Wieck:* Zum Alten Krug, Bauernreihe; Eiscafé, Nordseite. – *Wustrow:* Fischland, Sonnenhof, Zur Linde, Bauernstube. – *Zingst:* Haus am Strom, Hafenstr. 7; Gastmahl des Meeres, Strandstr. 10; Heidelberger Faß, Störtebekkerstr. 9; Kurhaus, am Strand; Haus am Meer, Birkenstr. 17; Zum Anker, K.-Marx-Pl. 5.

Medizinische Einrichtungen

Ahrenshoop: Gemeindeschwester. – *Barth:* Poliklinik I, Teergang 2; Poliklinik II, Schilfgraben 3–4. – *Born:* Arzt/Zahnarzt/Gemeindeschwester, Schulplatz 2. – *Dierhagen:* D.-Dorf: Arzt/Gemeindeschwester, Lindenstr. 4. – *Graal-Müritz:* Med. Betreuungsbereich, Lindenweg. – *Prerow:* Arzt, Hafenstr. 20; Zahnarzt/Gemeindeschwester, Bergstr. 18. – *Pruchten:* Zahnarzt, Bahnhofstr. – *Ribnitz-Damgarten:* Ribnitz: Poliklinik, Nizzestr. 16. – *Wieck:* Arzt/Gemeindeschwester, Bliesenrader Weg 1. – *Wustrow:* Landambulatorium, Strandstr. 7; Gemeindeschwester, E.-Thälmann-Str. 42. – *Zingst:* Arzt/Gemeindeschwester Jordanstr.; Zahnarzt, Störtebeckerstr. 6

Apotheken. *Barth:* E.-Thälmann-Str. 28. – *Graal-Müritz:* E.-Thälmann-Str. 26. – *Prerow:* Lange Str. 7. – *Ribnitz-Damgarten:* Ribnitz: K.-Marx-Str. 80; Damgarten: E.-Thälmann-Str. 2. – *Wustrow:* E.-Thälmann-Str. 28. – *Zingst:* Strandstr. 26.

Kultur- und Veranstaltungsstätten

Ahrenshoop: Haus des KB, Dorfstr. 39; Kunstkaten; Kurhaus; Gst. Zur Ostsee; A.-Althagen: Gst. Seeblick. – *Barth:* Klubhaus der Werktätigen, Bahnhofstr. 2; Freilichtbühne, in den Anlagen; Stadtbibliothek, am

Markt; Volkslichtspiele, Kleinträgerstr. 2. – *Born:* Gemeindebibliothek, Südstr., Kinohalle, Nordstr. – *Dierhagen:* D.-Strand: FDGB-Heim „Ernst Moritz Arndt"; Freilichtbühne, Waldstr.; D.-Neuhaus: FDGB-Heim „Lebensfreude". – *Fuhlendorf:* Gemeindebibliothek, F.-Bodstedt-Gemeindebibliothek, Kinohalle. – *Graal-Müritz:* Musikpavillon am Strand, R.-Luxemburg-Str.; Heimatstube, E.-Thälmann-Str. 17; Gemeindebibliothek, R.-Luxemburg-Str. 11; Filmtheater, R.-Luxemburg-Str.; Kulturhaus, im Kliniksanatorium „Richard Aßmann". – *Prerow:* Darß-Museum (mit Pilzberatungsstelle), Waldstr. 48; Zentralbibliothek/Kinderbücherei, Lange Str. 25; Freilichtbühne, am Prerowstrom; Staatl. Kunsthandel, am Hauptübergang zum Strand; Darß-Lichtspiele, Waldstr. 5; Zeltkino, am Bernsteinweg. – *Pruchten:* Gemeindebibliothek; P.-Bresewitz: Gemeindebibliothek, Zeltkino. – *Ribnitz-Damgarten:* Ribnitz: Stadtkulturhaus; Jugendklubhaus, A.-Bebel-Str. 36; Bernsteinmuseum, Im Kloster; Kreis- und Stadtbibliothek, K.-Marx-Str. 49; Park-Lichtspiele, A.-Bebel-Str.; Damgarten: Olympia-Lichtspiele, R.-Breitscheid-Str. – *Wieck:* Kulturraum, Campingplatz; Gemeindebibliothek, Bliesenrader Weg 1; Zeltkino, Bauernreihe. – *Wustrow:* Saal der Ingenieurhochschule, FDGB-Heime „Am Strand" u. „Helgoland", Zeltkino. – *Zingst:* Heimatmuseum, Strandstr.; Klub der Volkssolidarität, K.-Marx-Pl.; FDGB-Heim „Störtebecker"; Gemeindebibliothek, K.-Marx-Pl.; Lichtspieltheater, Dünenstr.

Wasserrettungsdienst (Rettungstürme). *Born:* Am Vordarß, Tel. Wustrow 8 21. – *Dierhagen:* Tel. 2 11. – *Prerow:* Hauptrettungsturm, Tel. 2 13; Campingplatz, Tel. 3 31. – *Wieck:* Tel. Prerow 2 90. – *Wustrow:* Tel. 2 97. – *Zingst:* Tel.: 4 01. – Das Hinausschwimmen hinter die Bojen und an unbewachten Strandabschnitten weiter als 150 m vom Strand weg ist verboten!

Seenotrettungsdienst (Meldestellen für Boots- und Schiffsunfälle). *Prerow:* Grüne Str. 3 u. 31, Tel. 3 39 u. 2 37. – *Wustrow:* Strandstr. 8 a; Ingenieurhochschule Tel. 2 81. – *Zingst:* Jordanstr. 10 a, Tel. 3 88. – *Graal-Müritz:* Hauptrettungsturm IV, Tel. 3 78.

Inhalt

Farbkarten

Zeichenerklärung

- LSG — Grenze des Landschaftsschutzgebietes (LSG)
- NSG — Grenze des Naturschutzgebietes (NSG)
- Eisenbahn mit Bahnhof
- 105 — Fernverkehrsstraße, Durchgangsstraße
- Wichtige Verbindungsstraße, Hauptstraße
- Verbindungsstraße, sonstige Straße
- Fahrweg
- Feldweg, Waldweg
- Fußweg
- Buslinie mit Haltestelle
- Tankstelle; Parkplatz
- Post
- Öffentliche Toilette
- Krankenhaus, Poliklinik; Apotheke
- Rettungsstation
- Försterei
- Restaurant
- Ausflugsgaststätte; Café
- Imbißkiosk
- Campingplatz
- Jugendherberge
- Pionierlager
- FDGB-Erholungsheim
- Filmtheater
- Freilichtbühne
- Denkmal
- Museum
- Kirche
- Windmühle
- Aussichtspunkt
- Baum (Naturdenkmal)
- •7 — Höhenangabe
- Böschung, Steilhang
- Damm, Deich
- Burgwall
- Markierung Hauptwanderweg
- Örtlicher Wanderweg 1)
- Bad, Bademöglichkeit
- 16 — Gefällpunkt
- Leuchtturm
- Schiffsverbindung mit Anlegestelle
- Bebaute Fläche; öffentliches Gebäude
- Wald; Park
- Friedhof; Wiese
- Sumpf, Moor, nasser Boden
- Schilf, Röhricht
- Sandfläche, Geröll

1) Auf Wanderwegen, die in den Markierungszeichen mit Punkten gekennzeichnet sind, darf nur in der Zeit von 8.00 bis 18.00 Uhr gewandert werden.

* Zeichen in der Natur in der entsprechenden Farbe auf weißem Grund.